M 1507

publication PN°1
Bibliothek der Provinz

Herbert Moritz
Lehrjahre
*Thomas Bernhard –
Vom Journalisten zum Dichter*

herausgegeben von
Richard Pils

*Verlag
publication PN°1*
© Bibliothek der Provinz
A-3970 WEITRA
02815/35594

1992

ISBN 3 900878 87 0

printed in Austria
by
Denkmayr
A-4223 Katsdorf

Umschlagfotos von Johann Barth
Thomas Bernhard im Cafe Bazar, Salzburg, 31.10.1963

Herbert Moritz

Lehrjahre

Thomas Bernhard –
Vom Journalisten zum Dichter

Carl Zuckmayers Schützling

In der "HENNDORFER PASTORALE", der elegischen, zuweilen wehmütigen Schilderung seiner Heimkehr in den behäbigen Flachgauer See-Ort, der ihm in der Zwischenkriegszeit so lange Refugium und Stätte fruchtbarsten Schaffens gewesen war, erinnerte sich Carl Zuckmayer eines Bübleins, das er im Hause Johannes Freumbichlers angetroffen hatte, seines Freundes Enkel Thomas Bernhard, der beim Großvater die schönsten Jahre seiner sonst eher überschatteten Kindheit verbracht habe und seither selbst zu einem der bedeutendsten jüngeren Autoren deutscher Sprache herangereift sei. Nicht erwähnt Zuckmayer in diesem Zusammenhang, daß er selbst es war, der den jungen, nach schwerer langer Krankheit genesenden Thomas Bernhard zum Schreiben ermutigt und ihm den Weg zu einem schreibenden Beruf geebnet hatte, wie ja auch der schöne Roman "PHILOMENA ELLENHUB" des Großvaters Freumbichler Carl Zuckmayers Intervention bei Zsolnay das Licht der Öffentlichkeit, der Autor aber Erfolg und späte Anerkennung verdankte. Auf einen Hinweis Carl Zuckmayers hatte der damalige Chefredakteur des "DEMOKRATISCHEN VOLKSBLATT'S", des Organs der Sozialistischen Partei Salzburgs, Josef Kaut, Bernhard zu gelegentlicher Mitarbeit eingeladen, wobei zunächst Versuche in der Gerichtssaalberichterstattung vorgesehen waren.

In den biographischen Angaben von Bernhards Verlagen ist nachzulesen, daß der Autor einige Jahre Gerichtssaalberichterstatter des "DEMOKRATISCHEN VOLKSBLATTS" in Salzburg gewesen sei, und er selbst hat dies später mehrfach selbst bestätigt. Richtig ist, daß

Thomas Bernhard zwischen Jänner 1952 und Dezember 1954 in diesem Blatt rund hundert Gerichtssaalberichte verfaßt hat. Sie waren nach der damaligen Übung des Blattes nicht gezeichnet. Ich habe also nur jene gezählt, die ich auf Grund persönlicher Erinnerung und von Stilanalysen eindeutig diesem Autor zuordnen konnte. Wahrscheinlich ist deshalb ihre Zahl noch größer gewesen. Bernhards Berichte hielten sich durchgehend an die beim "DEMOKRATISCHEN VOLKSBLATT" entwickelte Form des Gerichtssaalfeuilletons, der häufig humorvollen, immer menschlichen, zuweilen sozialkritischen Schilderungen von kleinen Streit- und Straffällen, wie sie vor österreichischen Bezirks- und Einzelrichtern täglich abgehandelt werden. Bernhards Feuilletons erweisen sich als recht interessante Quellen, aus denen sich die Entwicklung stilistischer Eigenheiten ebenso wie die mancher seiner Lebenseinstellungen, seiner Gedankengänge erkennen läßt.

Thomas Bernhards journalistische Tätigkeit ist aber beim "DEMOKRATISCHEN VOLKSBLATT" weit über die Gerichtssaalberichterstattung hinausgegangen, so stark ihn die dabei gewonnenen Eindrücke und Erfahrungen auch für seine spätere Arbeit geprägt haben mögen. Immer wieder findet man ja in Bernhards Œuvre Hinweise auf Gericht und Gerichtspersonen, wie den Senatsvorsitzenden Zamponi in seinem "STIMMENIMITATOR", dessen Vorbild, der hochangesehene damalige Staatsanwalt und spätere Oberlandesgerichtspräsident Dr. Reinulf Zamponi, ihm bei Strafverhandlungen vor dem Salzburger Landesgericht begegnet war. Einen wesentlich größeren Umfang als die Gerichtssaalberichte nehmen nämlich während Bernhards journalistischer Lehrjahre Reportagen über lokale und kulturelle Themen, Rezensionen literarischer Veranstaltungen und von kleineren Theateraufführungen, Erzählungen und schließlich mehrere kulturpolitische Aufsätze ein, die wohl noch zur Gänze ihrer wissenschaftlichen Analyse harren. Wertvolle Aufschlüsse über Bernhards Persönlichkeit und sein späteres Werk mögen aus diesen Ergebnissen journalistischer Tagesarbeit zu gewinnen sein, die im Alter von 21 bis 24 Jahren entstanden sind.

Auch die Einflüsse, denen Bernhard in seiner Arbeit und ihren Themen, aber auch unter seinen journalistischen Kollegen ausgesetzt war, mögen nicht gering eingeschätzt werden. Schließlich hatte das "DEMOKRATISCHE VOLKSBLATT" einige der literarischen Traditionen übernommen, die von seiner Vorgängerin, der "SALZBURGER WACHT", vor dem Jahre 1934 entwickelt worden waren. In diesem Blatt hatten Josef Leitgeb und Alfons Petzold geschrieben, sein Chefredakteur Robert Arthaber war mit Stefan Zweig und Hermann Bahr befreundet gewesen. In den ersten Nachkriegsjahren schrieben im "DEMOKRATISCHEN VOLKSBLATT" der Lyriker und damalige Leiter der Literaturabteilung des Senders Rot-Weiß-Rot Dr. Ernst Schönwiese, der Schöpfer des "HENGST MAESTOSO AUSTRIA" Arthur H. Lehmann und der später in der katholischen Publizistik zu Bedeutung gelangte Johann A. Böck. Hausautoren waren der Dramatiker Georg Rendl und der gleichfalls von Carl Zuckmayer geförderte Georg Eberl, der mit seinen Romanen "ICH WAR EIN LEDIGES KIND" und "WIE ich Eisenbahner wurde" (Carl Zuckmayer schrieb hiefür auf meine Bitte das Vorwort) in der Freumbichler-Nachfolge zu Bedeutung gelangt ist. Musikkritiker war zur Zeit von Bernhards Mitarbeit Theodor Werner, Professor am Mozarteum und Bernhards Lehrer in Musikästhetik, bei dessen Frau, Prof. Maria Keldorfer, Thomas Bernhard außerdem Gesangsunterricht genoß. In seinem Roman "Der Keller" ist Bernhard darauf eingegangen. Schließlich war Chefredakteur Kaut, später Kulturreferent der Salzburger Landesregierung, Mitglied des Direktoriums der Salzburger Festspiele seit 1950 und später deren Präsident, literarisch tätig und mit vielen bedeutenden Schriftstellern befreundet gewesen.

Deutlich erinnere ich mich der ersten Begegnung mit Thomas Bernhard in der Redaktion des "Demokratischen Volksblatts", die im Parteihaus in der Paris Lodronstraße in Salzburg untergebracht war. An einem Nachmittag im Winter 1951/52 war ein schüchterner, blonder junger Mann in groben Schuhen, mit alter amerikanischer Windjacke, dickem Schal und Wollhaube gegen die Kälte geschützt, erschienen und hatte nach dem Chefredakteur gefragt. Josef Kaut hatte uns – den damaligen Lokalchef Karl Lanik und mich, damals politischer und nach dem Pressegesetz verantwortlicher Redakteur, aber auch für den Gerichtssaal zuständig – auf den neuen Mitarbeiter vorbereitet, wobei uns Carl Zuckmayers Empfehlung gehörigen Eindruck machte. Auch hatte es Kaut nicht verabsäumt, uns Bernhard als Enkel Freumbichlers vorzustellen und uns zur Rücksichtnahme auf seinen Gesundheitszustand – Bernhard war damals kaum von seiner Tuberkulose genesen – und seine damit zusammenhängende, etwas labile Gemütsverfassung aufzufordern.

Ich war froh, künftig jemand zur Seite zu haben, der mir die laufende Berichterstattung über die kleineren Gerichtsfälle abnehmen sollte, und beeilte mich, Bernhard praktisch und theoretisch in sein neues Arbeitsfeld einzuführen. Während einiger Tage begleitete er mich zu den wichtigsten Richtern und Staatsanwälten, denen ich meinen neuen Mitarbeiter vorstellte. Ich verhalf ihm zu einigen strafrechtlichen und prozessualen Grundkenntnissen und versuchte, ihm den die Leser unterhaltenden Zweck unserer Gerichtssaalberichterstattung, aber auch ihr politisches und sozialkritisches Engagement bewußt zu machen. Bernhard war zwar weiterhin recht schüchtern und verschlossen, aber sehr schnell bereit, unseren Intentionen vorerst zu folgen. Die redaktionelle Bearbeitung seiner nicht immer sehr sauber geschriebenen, grammatikalisch mitunter fehlerhaften und stilistisch recht eigenwilligen Manuskripte – da gab es merkwürdige Wortschöpfungen und die allzu häufige Verwendung des Anführungszeichens – bereitete mir zuweilen Schwierigkeiten. Sie führten, da ich meist unter gewaltigem Arbeits- und Zeitdruck stand, zu gelegentlichen Äußerungen des Unmuts. Diese gipfelten einmal in dem Ausruf, Bernhard möge doch Schuster oder Schneider werden, weil er eine ordentliche Grammatik und die Präzision des journalistischen Stils wohl nie erlernen würde. Zu ähnlichen Auseinandersetzungen bei der Bearbeitung von Manuskripten ist es auch zwischen Bernhard und meinen Redaktionskollegen

Karl Lanik und später Kurt Wessely gekommen, worauf dann Chefredakteur Kaut die Bernhard'schen Manuskripte wieder für eine Weile an sich zog und sich mit großer Geduld seines Schützlings annahm. Die Behandlung von Bernhards literarischen Texten und seiner kulturkritischen Arbeiten hatte sich Kaut für längere Zeit von vornherein selbst vorbehalten.

Wesentlich ernstere Schwierigkeiten trug mir aber Bernhards ungezügelte Phantasie ein, die er auch in vielen seiner Berichte über konkrete Gerichtsverhandlungen unbekümmert um Sachverhalte und Richtigkeit frei schweifen ließ und damit die Beschwerden und Proteste der Betroffenen heraufbeschwor. Sie gipfelten in so mancher empörten Intervention eines Rechtsanwalts bis hin zur Entgegnungs- und Klagsdrohung. Einmal war ich sogar von einem Beschuldigten, der sich von Bernhard zu Unrecht angegriffen gefühlt hatte, bei einem Besuch zu nächtlicher Stunde in der Redaktion, in der ich mich ganz allein befunden hatte, tätlich bedroht und angegriffen worden.

Vorhaltungen, daß er besonders in Gerichtssachen zu besonderer Wahrheitspflicht aufgerufen sei, blieben Bernhard unverständlich. Auf Unverständnis war ja viele Jahre später auch Hilde Spiel, Bernhard wohl gesonnen und mit ihm befreundet, gestoßen. In "WITTGENSTEINS NEFFE" behauptete er, bei der bekannten Szene im Unterrichtsministerium mit dem Minister Piffl sei er von allen, mit Ausnahme Paul Wittgensteins und seines "Lebensmenschen" Hede im Stich gelassen worden. Als ihm Hilde Spiel vorhielt, daß nach dem

Auszug des Ministers sehr wohl auch noch andere, darunter sie selbst, bei ihm im Raum geblieben seien und ihm die Treue erwiesen hätten, habe er *reuelos* erwidert, *Dichtung und Leben decken sich eben nicht.*[1]

Mit berechtigter Empörung hatte auf solch dichterische Freiheit auch die Familie des bereits genannten Gerichtspräsidenten Zamponi reagiert, dem Bernhard in seinem Buch einen Selbstmord vor der Urteilsverkündung im Gerichtssaal zugeschrieben hatte. All diesen Zwischenfällen zum Trotz genoß Bernhard in der Redaktion viele Sympathien. Wir sahen, daß er in äußerst beengten materiellen Verhältnissen lebte, und so bemühten wir uns auch, ihm bei der Schaffung einer gesicherten Existenz behilflich zu sein. Wir bewogen den Direktor der Pensionsversicherungsanstalt der Arbeiter, Bernhard probeweise einzustellen. Ich versuchte Bernhard darzulegen, wie gut es für ihn wäre, sein sicheres Auskommen und dazu noch eine Krankenversicherung zu haben. Nach den Bürostunden von 7–16 Uhr würden ihm immer noch Stunden für seine literarische Arbeit bleiben. Ich weiß heute nicht mehr, ob Bernhard den Posten überhaupt angetreten oder ob er ihn schon bald wieder verlassen hat. Grillparzers oder Kafkas Beamtenexistenz schien für ihn nicht verlockend gewesen zu sein.

Nach Redaktionsschluß hatte ich mehrmals versucht, Bernhard in ein persönliches Gespräch zu ziehen. Einmal hatten wir einander auf der Straße getroffen, als ich meinen damals etwa einjährigen Sohn Herbert spazieren führte. Darauf bezog ich mich dann in einer Unterhaltung und erzählte ihm, welche Freude doch ein solches Kind bereite und wie wertvoll meine Familie für mich sei. Er lächelte zwar versonnen, ging aber in keiner Weise auf solche persönlichen Bemerkungen ein. Jahre später erzählte man sich in Salzburg, daß Bernhard zu dieser Zeit von einer jungen Lyrikerin sehr verehrt, ja von ihr geradezu stürmisch umworben worden sei, sie aber keinerlei Gegenliebe gefunden habe.

In den Gesprächen mit Kurt Hofmann hat Bernhard selbst über die Anfänge seiner Journalistenzeit berichtet.[2] Aber seine Erinnerung ist lückenhaft und unpräzise. Zunächst erfahren wir, daß er geschwankt habe, *ein G'schäft aufmachen, also ein Lebensmittelgeschäft oder irgendwas.* Schließlich war er nach dem Verlassen des Gymnasiums bei einem Greißler in Lehen in die Lehre gegangen und in dieser Zeit sehr glücklich gewesen. (Vergl. "DER KELLER") Aber dann habe sich das *zufällig mit dem Schreiben ergeben,* und dabei habe er *relativ viel verdient: ... da weiß ich, hab' ich 'kriegt dreißig Schilling pro Beitrag, und ob das drei Zeilen waren oder eine ganze Seite, war wurscht. Das war also pauschal. Da hab' ich immer g'schaut, daß ich jeden Tag drei Beiträge drin g'habt hab', auch, was weiß ich, 'DIE SCHWANGERE WITWE'... das waren also praktisch neunzig Schilling am Tag, damals eine Riesensumme.* Ein Pauschalhonorar aber ist beim "DEMOKRATISCHEN VOLKSBLATT" nie üblich gewesen, da wurde viel mehr sehr genau nach der Anzahl der Zeilen eines Beitrages bezahlt. Auch die Zahl der im Blatt veröffentlichten Beiträge überschätzt Bernhard bei weitem, sodaß das von ihm im Rückblick mit *Riesensummen* bemessene Verdienst ganz erheblich zu reduzieren ist, auch wenn es für den jungen Mann eine wesentliche Verbesserung seiner Lebensverhältnisse bedeutet haben mag.

Bemerkenswert in dem Gespräch ist auch Bernhards Eingeständnis über das Zustandekommen manches seiner Gerichtssaalberichte: *Da bin ich zum Bezirksrichter gegangen und hab' g'sagt, 'was gibt's denn heut'?' Da waren Akten, die hab' ich g'schwind abg'schrieben.* So ist die Fehlerhaftigkeit manches "Prozeßberichts", die dem gesetzlich verantwortlichen Redakteur mitunter Unbill bereitete, ganz einfach darauf zurückzuführen, daß der Berichterstatter bei der Verhandlung gar nicht zugegen war, sondern seinen Bericht bereits vorher auf Grund einer flüchtigen Akteneinsicht verfaßt und erst nachträglich mit den äußeren Daten des Prozeßverlaufs und vor allem mit dem Urteil versehen hatte.

Auch Bernhards Erzählung über das Zustandekommen seiner Verbindung zu Chefredakteur Josef Kaut gibt nur einen Teil der Wahrheit wieder: *... das Ganze hat ang'fangen, als da eine Enthüllung von einer Gedenktafel für meinen Großvater in Henndorf war ... Da war diese Enthüllung und dann so eine Jause oder was, ... Meine Großmutter ist neben mir g'sessen, und der Kaut, und hat g'sagt: 'Mein Gott, ich weiß nicht, was ich mit meinem Enkel mach', der ist nichts und wird nichts und so, vielleicht könnt' er schreiben.' So war das. Und der Kaut hat g'sagt: 'Schicken S' ihn halt am Montag zu mir.' ... Naja, ich bin dort hingegangen und hab' dann auf der Maschin' was g'schrieben ... Am nächsten Tag in der Früh' war das drinnen in der Zeitung, zusammeng'strichen natürlich, und da war ich sehr stolz.*

Die Chance zur Mitarbeit – so fährt Bernhard fort – habe sich für ihn ergeben, weil der Gerichtssaalberichterstatter erkrankt sei. *Und zu der Zeit, da war einer, der Gerichtssaal g'macht hat, der ist krank g'worden, zu meinem Glück ... der war dann ewig krank und ist überhaupt nie mehr erschienen. Ich weiß gar nicht, wer das gewesen sein soll, ich hab' das dann halt zwei Jahre g'macht.*

Ich halte es für unvorstellbar, daß Bernhard nichts von der Intervention Carl Zuckmayers bei Josef Kaut gewußt hat, die für sein Engagement doch sicher mindestens ebenso maßgebend war wie die großmütterliche Bitte. Auch daß Bernhard einen erkrankten Gerichtssaalberichterstatter ersetzt hätte, den er nicht kannte, ist unrichtig. Vielmehr ist er mir damals, der ich neben meiner Tätigkeit als politischer und verantwortlicher Redakteur auch das Gerichtsressort zu leiten hatte, als freier Mitarbeiter zur Ausbildung beigegeben worden.

Die Verleugnung der Rolle Zuckmayers bei Bernhards nach eigener Einsicht doch lebensentscheidenden Wahl, ein Schreibender anstatt ein Greißler zu werden, mag mit der später nicht sehr freundlichen Einschätzung seines Förderers zusammenhängen. In den Gesprächen mit Kurt Hofmann beurteilt er Thomas Mann als *völlig verkrampft* und als *typischen deutschen Kleinbürger. Mit einer geldgierigen Frau. Immer Frauen gehabt im Hintergrund, ob das der Mann ist oder der Zuckmayer. Das ist für mich diese deutsche Schriftstellermischung.*[3]

Geradezu eine Münchhauseniade hat Bernhard im Juni 1986 bei einem in Madrid aufgezeichneten Fernseh-Gespräch Krista Fleischmann über seine Journalistenzeit aufgetischt. Zunächst spricht er davon, daß es der Vorteil des Journalisten gegenüber dem Schriftsteller sei, Erlebnisse unmittelbar zu Papier zu bringen. Das sei großartig: *Und das habe ich viele Jahre gemacht, so habe ich ja angefangen. Der Chefredakteur sagt: 'Sie, da ist einer zusammengestoßen, da laufst geschwind hin.'* Da sehe man dann einen abgehackten Kopf, übertreibe, wenn drei Tote waren, dann seien es bei ihm immer sieben gewesen. Dann sei halt am dritten Tag eine Berichtigung gewesen. *Aber es hat die Auflage gehoben, war sehr günstig. Ich hab' der Zeitung immer zu einem gewissen Erfolg verholfen durch Falschmeldungen und Übertreibungen, die ich ja beibehalten habe. Ich übertreibe ja in allem und jedem.* Wenn ein Haus abgebrannt sei, dann habe er gesagt, nicht ein Haus, sondern sechs Häuser, und hundert Schweine seien darin gewesen. Dann hätten die Betroffenen gesagt, sie hätten ja gar keinen Schweinestall. Er aber habe geschrieben, daß es verkohlte Leichen gegeben habe und die Landschaft 20 Kilometer weit von dem Gestank erfüllt gewesen sei. *Aber das muß man riskieren.*

Tatsache freilich ist, daß Bernhard während seiner ganzen Tätigkeit für das "Demokratische Volksblatt" nie als Berichterstatter zu einem Unfall oder einer Brandkatastrophe geschickt worden ist. Auch hätte ihm kein Redakteur, der ja auf Grund von Polizei- oder Gendarmerieberichten immer im Besitz von Kontrollinformationen war, die von ihm geschilderten Übertreibungen durchgehen lassen.

Bei dieser Erzählung ist wohl eher kaltschnäuzig-abgründige Ironie im Spiele gewesen, wie auch bei seiner unmittelbar anschließenden Schilderung der Faszination, die für ihn vom Journalismus ausgehe: *... da kann man wirklich über Leichen gehen, das kann man in keinem anderen Beruf, auf so lange Zeit. Als Journalist können Sie – wenn Sie mit siebzehn anfangen oder achtzehn – bis sie alt und senil sind und gar nicht mehr lesen und weggehen können, immer noch über Leichen gehen. Bietet kein anderer Beruf.*[4]

Wie viele seiner persönlichen Aussagen sind auch diese über den Journalismus zu relativieren. In einem ihrer Gespräche hat Krista Fleischmann Bernhard vorgehalten, daß es für ihn keine Wahrheit und keine Lüge mehr gebe. Seine Antwort darauf: *Das kann man alles austauschen. Auch Sie haben absolut recht, wenn Sie eine Wahrheit als Lüge und absolut recht, wenn Sie die Lüge als Wahrheit bezeichnen ... Alles ist subjektiv und falsch natürlich. Das ist ja ganz klar. Ich hab' nie behauptet, daß ich irgendeine Wahrheit oder irgendwas Richtiges g'sagt hab'.*[5]

Jahre später, am 17. März 1970, besuchte ich Thomas Bernhard gemeinsam mit seinem österreichischen Verleger Wolfgang Schaffler auf seinem Bauernhof in Ohlsdorf, es kamen auch gemeinsame Erinnerungen an unsere Journalistenzeit zur Sprache. Dabei gab ich meinem Bedauern über die harte "Erziehung" Ausdruck, die wir ihm als Jüngsten in der Redaktion zuteil werden ließen. Er erwiderte darauf lachend, daß ihm die *strenge sprachliche Zucht*, in die wir ihn genommen hätten, recht gut getan hätte.

Im Verlauf der Unterhaltung zog Bernhard einen Stoß Manuskripte aus der Lade des schweren Bauerntisches in seinem recht spartanischen Wohnzimmer und erzählte Schaffler und mir, daß er seine Manuskripte in der Regel ein Jahr liegen lasse, bevor er an eine Veröffentlichung denke. Während des etwa zweistündigen Besuchs war Bernhard ein ruhiger und freundlich lächelnder Gastgeber gewesen. Im Vergleich zu seinen journalistischen Lehrjahren hatte er selbstbewußte Gelassenheit, ja eine erstaunliche Souveränität gewonnen. Nachdem wir uns am Tor des Bauernhofs von Bernhard verabschiedet hatten, trat die Nachbarbäuerin auf Schaffler und mich zu und erzählte uns, daß sie Bernhard gelegentlich warmes Essen brächte, weil er immer so allein sei und er ihr so *derbarme*.

Meine Frau hatte Thomas Bernhard 1965 bei einer Begegnung vor der Buchhandlung Höllriegl in Salzburg kennengelernt, bei der wir ihm zu dem kurz vorher an ihn verliehenen Bremer Literaturpreis gratulierten. Zu einer weiteren Begegnung kam es 1971 bei der österreichischen Erstaufführung des Schauspiels "EIN FEST FÜR BORIS" im Grazer Schauspielhaus, während der sich Bernhard hinter dem Vorhang der gleichen Loge vor dem Publikum verbarg. Die Premiere war ein großer Erfolg. Nachdem sich die Beklemmung des Publikums gelöst hatte, brandete der Beifall auf. Meine Frau drängte Bernhard, doch hinunter auf die Bühne zu gehen, die begeisterten Menschen würden das von ihm erwarten. Er aber war damals nicht dazu zu bewegen, sich vor seinen Anhängern zu verbeugen.

Johannes Freumbichler
(1881–1949)

Vor 25 Jahren starb am 11. Februar 1949 der
Salzburger Heimatdichter

Johannes Freumbichler

Seine Heimatgemeinde, Henndorf am Wallersee,
und die Kulturabteilung des Amtes der
Salzburger Landesregierung
geben sich die Ehre, zu der am
Sonntag, dem 10. Februar 1974, um 15.30 Uhr
in Henndorf
in Anwesenheit des Enkels des Dichters,
Thomas Bernhard, stattfindenden

FEIER

einzuladen.

Programm

15.30 Uhr: Gedenkstunde in der Wirtsstube des
„Caspar-Moser-Bräu"

Musikalische Einleitung

Begrüßung durch Bürgermeister Hans Esterer

Univ.-Prof. Dr. Haslinger:
Johannes Freumbichler heute

Musik

Lesung aus dem unvollendeten Roman
J. Freumbichlers „Das Tal der sieben Höfe"

Musik

Das Serenadenensemble Salzburg spielt unter der Leitung von Prof. Rudolf Klepac Musik von Joseph Haydn.

Tafelrunde in der Wirtsstube des „Caspar-Moser-Bräu", v.l.n.r.:
Frau Thesi Haslauer, Landeshauptm.-Stv. Dr. Wilfried Haslauer, Univ.-Prof. Dr. Adolf Haslinger, Verleger Wolfgang Schaffler, Schauspieler Hauer-Riedl, Landesrat Dr. Herbert Moritz, Frau Gotelind Moritz, Thomas Bernhard, Bürgermeister Esterer von Henndorf

Johannes Freumbichler

wurde am 20. November 1881 in Henndorf geboren, wo seine Eltern das kleine Haus Nr. 8 am Fuß des Kirchenhügels bewohnten. Sein Vater, der neun Jahre lang im damals österreichischen Kriegshafen Cattaro als Kanonier verbracht hatte, betrieb nunmehr einen ganz bescheidenen Gemischtwarenhandel und führte allwöchentlich Gemüse um 3 Uhr morgens zu Fuß mit einem kleinen Kufenwagen auf den Markt nach Salzburg. Eines Tages gelang der sensationelle Verkauf von 2000 kg Butter an einen Wiener Händler, den der damalige Bräuwirt vermittelt hatte. Aus dem so eingeleiteten Butterhandel mit der Haupt- und Residenzstadt Wien, mit dem Henndorf ja durch die neue Bahnlinie eine Verbindung hatte, war das Fundament für einen gewissen Wohlstand der Familie gelegt. Vater Josef Freumbichler wurde von da an auch „Schmalz-Seppn" genannt. Der Gleichklang des einfachen bäuerlichen Lebens wuchs im kleinen Johannes zum inneren Erlebnisreichtum einer Welt, die ihm nicht vielerlei, sondern viel zu schauen gab. „Ja, erzählen, das kann er . . .", staunte man schon früh über den Buben. Bald begann er auch Geschichten zu notieren, die er beim Zusammensein in den abendlichen Stuben hörte, und der Vater fragte dann oft scherzhaft: „Hast du's schon aufg'schrieb'n, Hansi?"
So kam es, daß er nach der Volksschule in die Realschule nach Salzburg geschickt wurde, die er aber nach vier Jahren wieder verließ; eine innere Unruhe war in ihm aufgebrochen und führte ihn von zu Hause fort.
Im Laufe der Jahre arbeitete er in Fabriken und Schreibstuben und schaufelte bisweilen auch Schnee in den Straßen Wiens.

In schwierigsten materiellen Verhältnissen und voll Sehnsucht nach den Menschen, Wiesen und Feldern seiner Heimat begann er schließlich seine schriftstellerische Tätigkeit. Nach vielen Verlagsabsagen sandte seine Frau das Manuskript eines Romans an den damals schon bekannten Carl Zuckmayer, der nach der Lektüre verspricht, das Buch „würdig aus der Taufe zu heben". So erscheint 1937 der Roman „Philomena Ellenhub", in dem der Lebensweg einer Bauernmagd gezeichnet wird. Für dieses Werk erhält Johannes Freumbichler den Großen Österreichischen Staatspreis für Literatur. 1938 erfolgt die Drucklegung der „Geschichten aus dem Salzburgischen" sowie des Romans „Atahuala", die Schilderung des abenteuerlichen Schicksals einer Expedition im brasilianischen Urwald.

Obwohl der Dichter in der Zeit des Nationalsozialismus offiziell als nicht verlagswürdig gilt, gelingt neben einem kleinen Band „Die Reise nach Waldprechting" im Jahr 1942 auch noch die Herausgabe des Werkes „Auszug und Heimkehr des Jodok Fink", in dem Freumbichler weitgehend das Abenteuer seines eigenen Lebens schildert. Dieses Buch wird ein nachhaltiger Erfolg. Die Mundartgedichte „Rosmarin und Nelken" erscheinen erst 1952, also nach dem Ableben des Dichters.

Johannes Freumbichler blieb stets dem einfachen, meist kargen Leben der alten Henndorfer Bauern verhaftet. Mit großer Sorgfalt und Liebe zeichnet er ihr Schicksal, das vordergründig im Ablauf der Jahre gleichförmig gewesen sein mag, hinter dem sich aber Glück und Unglück, Liebe und Haß, Hartherzigkeit und Großmut in dramatischer Weise offenbaren. Die Feier zum 25. Todestag des Dichters bedeutet auch eine Besinnung auf diese Urkräfte menschlichen Seins.

Dr. Herbert Moritz, Landesrat

Im Februar 1974 führte Thomas Bernhard und mich ein gemeinsames Vorhaben in dem berühmten Henndorfer Bräu zusammen. Als Kulturreferent des Landes bemühte ich mich, das damals gerade frei gewordene Häuschen am Fuße der Henndorfer Friedhofsmauer, in dem Johannes Freumbichler gelebt und in dem Bernhard einige Kindheitsjahre verbracht hatte, für das Land und die Gemeinde zu erwerben und darin eine Freumbichler-Gedenkstätte einzurichten. Thomas Bernhard war ebenfalls zu der vom Bürgermeister Esterer und den anderen Gemeindevätern einberufenen Besprechung gekommen und hatte sich sofort bereit erklärt, seinen Beitrag zu dem Vorhaben zu leisten. Es ist dann leider an der mangelnden Verkaufsbereitschaft der damaligen Besitzer gescheitert. Als eine wertvolle Erinnerung an die Stunden im Henndorfer Bräu bewahrt meine Frau eine Widmung auf, die ihr Thomas Bernhard auf ein Bild Johannes Freumbichlers geschrieben hat.

Ich gestehe freimütig, daß ich während der rund dreijährigen Zusammenarbeit mit Thomas Bernhard in der kleinen Redaktion des "DEMOKRATISCHEN VOLKSBLATTS" auch nicht die Spur einer Empfindung hatte, welch großer Autor und origineller Denker schon damals in Thomas Bernhard heranreifte. Meinen Kollegen in der Redaktion erging es nicht anders, sicher aber mit Ausnahme des Chefredakteurs Kaut, der Bernhard zielbewußt förderte und ihn nicht mehr aus den Augen ließ, bis er ihm in den siebziger Jahren die großen Uraufführungen unter der Regie Peymanns und Dorns bei den Festspielen ermöglichte. Kauts Großzügigkeit wurde auch durch den schweren Konflikt um das Notlicht bei einer Uraufführung mit der bekannten Schimpforgie Bernhards gegen seinen Förderer nicht beeinträchtigt.

Bei aller Nähe des täglichen Umgangs war mir Bernhard als Mensch ziemlich verschlossen, ja ein Buch mit sieben Siegeln geblieben. Er war unzugänglich gegen Ratschläge, auch wenn sie nur das Handwerkliche betrafen, und fixiert in vielen, übrigens damals durchaus gängigen Vorurteilen, die auch noch aus seinen Gerichtssaalberichten herauszulesen sind. Was das Gespräch mit ihm so erschwerte, war wohl vor allem, daß er, wie Marcel Reich-Ranicki 1968 konstatierte, *von rationaler Erkenntnis offenbar nichts hält* und weil ihm *das methodische Denken, wenn nicht überhaupt der normale relativierende Denkablauf gänzlich fremd zu sein scheinen.*[6] Das Genie bewegte sich in Dimensionen, die uns Tagesschreibern unzugänglich waren. Uns blieb der Eindruck von einem sperrigen, zuweilen geradezu störrischen Partner, von dem objektive und präzise journalistische Arbeit nicht zu erwarten war. Er war in das Team nur sehr schwer einzufügen. Eigenwilligkeit paarte sich bei ihm mit einer fast rührenden Hilflosigkeit. Wir ahnten, daß er es im Leben nicht leicht haben würde, und empfanden eine recht mitleidige Zuneigung für ihn.

Ich glaube, es dem Andenken an Bernhard, aber auch mir selbst schuldig zu sein, über den Dichter und mein Verhältnis zu ihm vollkommen offen und rückhaltlos zu berichten. Ich habe fast vierzig Jahre gezögert, überhaupt einen solchen Bericht zu geben; die rapid anwachsende Sekundärliteratur hat mich in diesem Zögern eher noch bestärkt. Reich-Ranicki hat im Nachwort zu seinem Buch über Thomas Bernhard bekannt, was ihn jahrelang daran gehindert hat, über ihn zu schreiben: *Angst. Ich fürchtete, seiner Prosa nicht gewachsen zu sein.* Ich gestehe, daß ich bis heute ebenfalls Angst empfinde, über Bernhard zu schreiben, obwohl ich mich frei von dem Ehrgeiz weiß, mich ihm oder auch nur seiner Prosa "gewachsen" zu fühlen. Diese Angst rührt ganz einfach daher, daß ich mir bis heute der Einschätzung, die Bernhard jetzt allenthalben zuteil wird, nicht sicher bin. Ich beschränke mich deshalb auf den Versuch, über fast drei Jahre der gemeinsamen Arbeit in einer Zeitungsredaktion und die Ergebnisse einer Spurensuche zu berichten, die ich nunmehr auf der Grundlage der persönlichen Erinnerung in den alten Bänden des "DEMOKRATISCHEN VOLKSBLATTS" angestellt habe. Wohl sind Bernhards journalistische Arbeiten im "DEMOKRATISCHEN VOLKSBLATT" schon früher Gegenstand von Nachforschungen gewesen, die jedoch offenbar infolge mangelnder Möglichkeiten ihrer Identifikation wenig erfolgreich waren. Nun hoffe ich, daß meine Erinnerung – gepaart mit einiger Hartnäckigkeit – genügend Spuren zutage gefördert hat, um künftig die Entwicklung des Dichters in diesen Jahren besser erkennen und beurteilen zu können.

Diese Beurteilung sei freilich den Literaturwissenschaftlern und – selbst auf das Risiko eines neuerlichen Mißverständnisses hin! – den Psychologen überlassen. Auf die Seelenkunde verwiesen zu haben, als es darum ging, Bernhards kritische Rundumschläge in "HOLZ-

FÄLLEN" verstehen zu lernen, hat mir ja 1985 Erhard Buseks bösartigen Vorwurf, ich wolle als Unterrichtsminister Bernhard *psychiatrieren* lassen, eingetragen und ist somit Ausgangspunkt einer Diskussion gewesen, deren Absurdität sich vielleicht aus der drei Jahre später von Busek und seinen Wiener politischen Freunden erhobenen Forderung nach einem Boykott der Burgtheater-Uraufführung des Bernhard'schen "HELDENPLATZES" erhellt. Solches Verhalten auf konservativer Seite war kein Einzelfall. So hatte mir im Verlaufe der Auseinandersetzungen um Bernhard im Herbst 1985 der damalige Salzburger Landeshauptmann Wilfried Haslauer seine Sympathie versichert und mir in Aussicht gestellt, daß er weitere Bernhard-Aufführungen bei den Salzburger Festspielen zu verhindern wissen werde. Meine Beteuerung, daß dies genau das sei, was ich nicht wolle, hat er nur ungläubig zur Kenntnis genommen. Offenbar erinnerte er sich nicht mehr an die Kontroverse, die ich schon im Frühjahr 1968 mit der Salzburger ÖVP wegen Bernhard zu bestehen hatte. Die Diskussion von 1985 hat mich sehr unglücklich gemacht, obwohl ich auch heute keinen Anlaß sehe, von meinem damaligen Standpunkt auch nur einen Zentimeter abzurücken. Am unglücklichsten aber war ich über den Beifall, der mir überwiegend von der ganz falschen Seite zugekommen war. Erhard Busek durfte sich als erfolgreicher Produzent seines ebenso bösen wie gefährlichen Mißverständnisses die Hände reiben.

Auf den Spuren Justitias

Die Gerichtssaalberichterstattung war in der Redaktion des "DEMOKRATISCHEN VOLKSBLATTS" üblicherweise das Feld, auf das man junge Mitarbeiter zur Erprobung schickte. Sehr rasch sollte sich bei dieser Arbeit die Gabe zu knappem, gleichwohl fesselndem Bericht, menschlichem Engagement und des Humors bewähren. Der erste Fall, den Bernhard im Blatt beschrieb, war der eines der Gattenmißhandlung für schuldig erkannten Lungauer Bauern. Das resignierende Resümee dieses Berichts, der unter dem Titel "EIN LIEBEVOLLER GATTE", am 24.Jänner 1952 erschienen war, bestand in der Erkenntnis, daß die Trunksucht des Verurteilten wohl keine Besserung in dessen Familienverhältnissen erwarten lasse: *Sicherlich vermißte er den Herrscher Alkohol im Gerichtssaal und sein erster Weg wird ihn bestimmt in eine Wirtshausstube mit Wein, Weib und Gesang führen.* Die fatalistische Sicht vom Alkohol bestimmter ländlicher Schicksale, wie wir sie später u.a. in Bernhards Roman "FROST" finden, ist hier bereits vorweggenommen.

Mit persönlichen Urteilen hat Bernhard schon in seinen ersten Gerichtssaalberichten nicht zurückgehalten. So heißt es in einer unter dem Titel "VERDÄCHTIGT UND ENTLASSEN ..." ebenfalls am 24.Jänner 1952 erschienenen Notiz von einem Arbeitskollegen des Beschuldigten, der diesen *leichtfertig verdächtigte,* daß ihm ein *charakterliches Armutszeugnis ausgestellt werden* müsse. Hingegen begleitete das unverhohlene Wohlwollen des Berichterstatters den 19jährigen Willi auf seinem nächtlichen Weg über die Grüne Grenze bei Wartberg, auf dem er, zudem bewaffnet mit einem Gewehr, fünf Kilo Kaffee schmuggeln wollte. Sein Pech sei es gewesen, daß ihm vier Grenzpolizisten über den Weg gelaufen seien, vor denen er sich Hals über Kopf in ein nahegelegenes Bauernhaus geflüchtet und in einem Kuhstall verschanzt habe. Den dramatischen Höhepunkt erreichte die Geschichte mit der Großdirn Theres, die im selben Augenblick zum *Fuedern* in den Stall gekommen , vor der *grauenhaft dunklen Gestalt des Willi* erschrocken war, einen Schrei ausgestoßen hatte und in die Knie gesunken war. Den Ausruf: *Sei stad und geh weg, sonst schiaß' i di nieder!* habe der *Kaffeeschmuggler* zwar geleugnet, aber dann das Urteil von acht Monaten über sich ergehen lassen. Der Bericht bewegt sich also in den landesüblichen Vorstellungen einer Wilderer- und Schmugglerromantik, wobei die volkstümlichen Sympathien immer auf Seiten der Übeltäter zu finden sind (30. Jänner 1952).

Innerhalb ähnlicher Klischeevorstellungen bewegt sich ein am 29. Februar 1952 unter dem Titel "RUSSEN CONTRA GNIGLER" publizierter Bericht über eine Verhandlung, die eine schwere Wirtshausrauferei zum Gegenstand hatte. Da ist von Hieben an das Kinn, Nasen, die daran glauben mußten, hüben und drüben klimpernden Gebissen und mehreren Frakturen kleineren und größeren Grades die Rede, Zeichen der Bereitschaft des Autors, solche Brutalitäten als humorvolle und damit höchst erwünschte Bereicherung einer unterhaltenden Lektüre zu akzeptieren.

Der Hintergrund, die eigentliche Ursache der Auseinandersetzung freilich, klingt deutlich an: *In einem Gnigler Gasthaus durchtanzte man gerade eine Sternennacht und war froh, einmal nichts von der allzu nüchternen Welt zu wissen. Und wie es manchmal zugeht, finden sich in einem Lokal Angehörige verschiedener Nationalitäten zusammen, die schon auf den ersten Blick nicht gut aufeinander zu sprechen sind.* In diesem Fall habe es sich um Gnigler und Russen aus dem Parscher Lager gehandelt.

Die Einheimischen hätten auf *diesen Teil Rußlands* eine brennende Zigarette geworfen und gelacht. Da sei einer der *östlichen Kolosse* aufgesprungen und habe einem der wackeren Gnigler den berühmten Hieb auf das Kinn versetzt. Die Rauferei war also Ausdruck des damals in Salzburg herrschenden Hasses gegen die in Lagern untergebrachten, vorwiegend von den amerikanischen Besatzungsbehörden auf österreichische Kosten erhaltenen und verpflegten ausländischen Flüchtlinge. Da sie sich auch an Schwarzhandelsgeschäften beteiligten, waren sie mehr und mehr zu Opfern einer heftigen Xenophobie geworden, die von lokalen Zeitungen, aber auch von den politischen Kräften genährt wurde.

Schon in einem am 25. Februar 1952 erschienenen Bericht unter dem Titel "Forschungsabenteuer im Cafe Grossglockner" hatte sich Bernhard als farbenfroher Schilderer einer anderen Rauferei, diesmal in einem Café erwiesen, wobei hier einige unter Anführungszeichen gesetzte Wortkreationen, wie *sehnengezerrte Beine, Säuferpersönlichkeiten* und *Watschenkämpfe* ins Auge fallen.

In einer Reportage "Mit Retorte und Filter gegen Pantscher" meldete sich Bernhard schon am 8. Februar im Lokalteil zu Wort. Die Lebensmitteluntersuchungsanstalt hatte zu einer Presseführung eingeladen.

Im Verlauf des März 1952 konnte Bernhard eine ganze Reihe von Gerichtssaalreferaten plazieren, darunter auch bereits Berichte über größere Prozesse. Am 11. März ging es unter einem zweispaltigen Titel um einen Streit, der um die Identität eines Täters entbrannt war. Ein "FOLGENSCHWERER FASCHINGSSCHERZ" (18. März), der Diebstahl von "ZWEI KILO MANDARINEN" (22. März), die Rauferei zwischen einem Beschuldigten und einem Gläubiger (25. März), die Untaten einer "COLT-BANDE" (26. März), um 30 Dollar käufliche Liebe sowie der Auftritt eines Exekutors (27. März), waren die Themen. In dem Exekutor sieht der Autor *den Herrn mit der rücksichtslosen Miene*, dessen Rippen dann unter dem brachialen Angriff eines Wirtes *ein jämmerliches Glockenspiel von sich geben*.

Am 2. April berichtet Bernhard unter dem Titel "ZUM SIEBENTEN MALE ..." über einige Gewohnheitstäter und über ein hartes Urteil *für die Angeklagten und ihre allzu flinken Finger, die voneinander nichts wissen* ... Nach einem Fahrrad- und Holzdiebstahl (2.und 3. April) steht ein "KÖNIG DER LANGFINGER" auf dem Programm, wobei der Verfasser über *Leute ohne Arbeit* philosophiert, die *immer auf unmögliche, oft recht abwegige Gedanken kommen* ... Da ist von einem *abgebrühten Zellenhocker* namens Durkewitsch die Rede, der vor Gericht *seinen ganzen böhmischen Melodienreichtum ausgeschüttet* habe. (4. April). Die ausführliche Schilderung des "RINGKAMPFES MIT EINEM KRIMINALBEAMTEN" bestätigt die kaum verhohlene Vorliebe des Berichterstatters für Gewalttätigkeiten.

Große Aufmerksamkeit, verbunden mit der an ähnlichen Erscheinungen sich später noch öfter wiederholenden Kritik, widmet Thomas Bernhard, noch im gleichen Monat, einer der Zechprellerei überführten Hochstaplerin: *Frau Rubinstein reist immer, vielleicht sogar Erster Klasse, durch Europa, dauernd unterwegs, elegant, mit sicherem Auftreten, Nylonstrümpfen, Pariser Modellkostüm und zu einem phantasievollen Knoten gebundenem Wasserstoff-Blondhaar.* Dann ist von der *großen Gesellschaft* die Rede, die im Winter in die Berge zu reisen pflegt, von *Leuten höheren Grades,* die Bewegung haben wollen, und schließlich wird der Angeklagten zugeschrieben, *daß sie immer mit demselben Charme und der besonderen Art 'feiner Leute' gegessen und getrunken* habe – freilich, wie sich herausstellte, ohne zu bezahlen. Die Nennung des Namens der Beschuldigten – sonst in Berichten über Verhandlungen in ähnlichen Bagatellfällen nicht üblich – ist durch den Verfasser wohl nicht unbedacht erfolgt.

"Nachbarn im Kalten Krieg" und ein "Bräustübldieb" (10. April), ein unter dem originellen Titel "Ein Unverstand – zwei Diebe" verpacktes Eigentumsdelikt (11. April) und zwei "Morde", die keine waren (12. April), setzten die Reihe der Justizberichte fort. Dabei scheint der Verfasser mehr der Psychologie als der Physiognomie zu vertrauen: *Zu den 'ganz Schlauen mit Nachwirkungen' darf man ohne Zweifel den Matthias S. rechnen. Wenn man ihm auch Schlauheit nicht vom Gesicht ablesen kann, so 'sitzt' die doch in ihm ...* Nach einem "Mädchenhelden" und einer "Marderjagd in der Menscherkammer" (16. April) wendet sich der Verfasser einen Monat später wieder einem von ihm nicht sehr geschätzten Frauentyp zu: *... und verurteilte das schöne Fräulein mit den roten Krallen und dem aufdringlichen Parfüm zu drei Wochen Arrest. – Nachher mußte man die Fenster öffnen ...* (16.Mai)

Vom 17. bis 26. Mai unterhält Bernhard die lesenden Gerichtssaalkibitze mit kleinen Geschichten über die "Narrische Nandl", einen "Rettenden Hunderter" und der Frage "Heisse Liebe oder Kupferkessel?"

Den Hintergrund des Berichts von "Wildwestmanns Glück und Ende" bildet der starke Einfluß, den die amerikanische Besatzungsmacht in Salzburg bis in die Mitte der fünfziger Jahre auf die Verhaltensweise und die Mode der Jugend ausübte. Nachahmungen der US-Vorbilder und heftige Abneigung gegen alle Amerikanismen dürften sich in der Bevölkerung die Waage gehalten haben, wobei die negative Einstellung bei den Älteren stärker war. Thomas Bernhard wörtlich: *A la Wildwest stand er in bodenscheuer Kammgarnhose, farbensprühenden Socken und wippenden Kreppsohlen vor der Anklagebank. Sein kraftstrotzendes Cordoberteil schien die Gerichtspersonen zu verdrängen ...* Zum *bedauernswerten Ebenbild der Nachkriegs-Jugendverwahrlosung* gedeiht eine ähnliche Erscheinung bei Bernhard am 11.Juli: *Eigentlich schauen diese Typen alle gleich aus,* beschreibt er "Friedrich, den Kettensitzer". *Sie tragen breite Kreppsohlen, haben einen wiegenden Gang, der sie durch die*

Straßen der Stadt führt ... Hier setzt er die Nachahmung der amerikanischen Soldaten verallgemeinernd mit der gesamten Jugendkriminalität der Zeit gleich. Offenbar hat es in der Redaktion noch einige andere Anlässe gegeben, dem jungen Mitarbeiter seine anti-amerikanischen Vorurteile vorzuhalten. Nach einigen belanglosen Gerichtssaalberichten über ein diebisches Frauenzimmer (11. Juli), einen Wilddieb (17. Juli) und ein ländliches Fensterl-Abenteuer (18. Juli) liefert Bernhard am selben Tag eine kleine Lokal-Reportage "DER MANN AUF DER BRÜCKE". Dabei beschreibt er einen einbeinigen Bettler, der auf dem Makartsteg meist vergeblich seine verkrüppelten Hände nach milden Gaben ausstreckt – ja, bis ein US-Soldat kommt und seinen ganzen Geldbeutel in den Hut des Bettlers ausleert.

In der gleichen Nummer ist unter dem Titel "KOMPLETTES BADEZIMMER MITGENOMMEN" eine wohl etwas übertreibende Schilderung eines Einbruchs nachzulesen, während die von einem Anwalt veranlaßte "Richtigstellung" eines Hofgasteiner Geschäftsmanns den einstigen verantwortlichen Redakteur an einige, durch Bernhards lockere Berichterstattung verursachte Ungemach erinnert. Am 6. Juli hatte er unter dem Titel "EIN PAAR SAURE ZUCKERL" über Diebstähle berichtet, die ein paar junge Angestellte an ihrem Brotgeber begangen hatten:

Die Angeklagten, die da vor dem Richter aufmarschierten, waren gewiß keine Diebsbande. Tadellose junge Leute, die es nicht leicht haben und die vielfach ein wenig leichtfertig waren, die aber offen und ehrlich aussprachen, was sie dach-

ten. Die Liste der entwendeten Gegenstände war recht dürftig: ein paar Briefkuverts, eine Tube Klebstoff, zwei Stück Toilettenseife, einen Schraubenzieher, eine Papierschuheinlage und je fünf Stück und eine ganze Rolle Pfefferminzdrops. Der Diebstahl von 2 Paar Socken konnte nicht nachgewiesen werden. Und wegen dieser kleinen Klauereien waren fünf Hofgasteiner Burschen, die bisher unbescholten gewesen sind, einen ganzen Monat in Untersuchungshaft gesessen ... Um die Ursache des Diebstahls befragt, kamen nun allerdings Dinge an den Tag, die eher den Großkaufmann, der als Privatbeteiligter seine Interessen vertrat, auf die Anklagebank versetzten. *Die Angeklagten waren in Kost bei dem Kaufmann und mußten manche Tage hungern. Einer der Angeklagten gab an, daß sie zum Frühstück eine trockene Semmel bekamen und so bis 1 Uhr die schwere Arbeit als Lagerarbeiter verrichten mußten. 'Ich finde das reichlich', erklärte der Kaufmann, was sogar beim hohen Gericht einige Empörung hervorrief. Ist es ein Wunder, daß sich einer der jungen Leute an ein paar sauren Zuckerln vergriff? ...* Jetzt seien die jungen Leute vorbestraft und hätten überdies den Posten verloren. *Hätte sich das bei einiger menschlicher Einsicht nicht vermeiden oder zumindest anders ordnen lassen?* Mit dieser rhetorischen Frage schloß Bernhard seinen fast leidenschaftlichen Bericht. Leider litt dessen Engagement an einigen Ungenauigkeiten, nicht nur die Zahl der gestohlenen Zuckerl betreffend. Wie nämlich aus der von dem angegriffenen Kaufmann begehrten und am 18. Juli veröffentlichten "Richtigstellung" hervorgeht, ... *handelt es sich nicht nur um ein paar saure Zuckerln, sondern auch um Kleidungsstücke, Textilwaren, Werkzeuge, Spirituosen und nur zum geringen Teil um Lebensmittel.* Dann aber war dem Berichterstatter noch ein ganz besonderes Mißgeschick widerfahren: *Die mir in den Mund gelegten unsozialen Äußerungen habe ich nicht gemacht, weil ich bei der Verhandlung gar nicht in Salzburg war,* stellte der Intervenient fest. Dabei schreibe ich heute die dem Kaufmann als Privatbeteiligten bei der Verhandlung in den Mund gelegte Äußerung, daß eine trockene Semmel als Frühstück für die Angestellten *reichlich* gewesen sei, weder der Phantasie noch der dichterischen Freiheit Bernhards zu. Sie dürfte wohl aus dem Akt wiedergegeben worden sein, konnte deshalb aber nicht als Aussage des Privatbeteiligten bei der Hauptverhandlung zitiert werden. Bernhard freilich dürfte die Berechtigung der Entgegnung nicht eingesehen haben, sodaß er die ihm zweifellos erteilte Rüge nach seiner geradezu leidenschaftlichen Parteinahme für die jungen Übeltäter als besonders frustrierend empfinden mußte.

Das hat aber seinem journalistischen Eifer kaum Abbruch getan, weil sich bis Ende des Monats noch fünf weitere seiner Berichte in der Gerichtssaalrubrik finden. Am 31. Juli beschreibt er die Ferienstimmung im Gebäude des Landesgerichts: *Auf den Gängen wird geschrubbt, die Säle für die neue Schwurgerichtssession neu eingekleidet ...* In Ferienstimmung dürfte sich aber auch der redaktionelle Bearbeiter des Berichts befunden haben, sonst hätte er dem Mitarbeiter weder die mangelnde Übereinstimmung zwischen Satzgegenstand und Satzaussage noch die *Fräuleins* durchgehen lassen, deren gewohntes Getippe hinter den numerierten Türen Bernhard vermißt hatte.

Am 1. August wird in einem Prozeßbericht über ein dem Mozarteum gestohlenes Kupferdachl leise Kritik an der Objektivität des Vorsitzenden spürbar: *LGR Dr. Löbel glaubte, indem er zwei Monate strengen Arrest über Johann und Alexander verhängt hatte, seiner Stellung zwischen 'Hüben' und 'Drüben' gerecht geworden zu sein.* Dem Staatsanwalt wiederum kreidet er an, daß er vorher *alle zwei ganz klein gemacht* habe.

Im September durfte sich der Autor freuen, daß ihm zum ersten Mal die Berichterstattung über einen mehrtägigen Großprozeß in einem Betrugsfall anvertraut worden war.

Kritikerinnen haben Thomas Bernhard wiederholt vorgehalten, daß in seinen Arbeiten die Frauen meist farblos seien, daß er sie negativ sehe und daß ihm eine deutliche Frauenfeindlichkeit eigen sei. Dem habe ich seinen Bericht "Eine bäuerliche Tragödie" vom 19. September entgegenzuhalten. In der Verhandlung war die Entführung einer Frau zur Sprache gekommen, die ihre Brüder aus den Klauen ihres gewalttätigen, sie ständig mißhandelnden Gatten befreit hatten. Dabei übt Bernhard heftige, im heutigen Sinne geradezu feministische Kritik am Staatsanwalt, weil dieser sich im Verlauf der Verhandlung zu der Behauptung verstiegen hatte, daß die *Frau unter allen Umständen ins Haus gehört*. Schon am 4. Oktober hatte Bernhard erneut Gelegenheit, seine Einstellung zu beweisen. Das Gericht hatte einen Ehegatten freigesprochen, der seine wegen häufiger Mißhandlungen geflohene Frau gewaltsam zu sich zurückgeholt hatte. Die Feststellung der Urteilsbegründung, daß der Mann *zur Heimholung der eigenen Frau berechtigt* sei, stößt auf Bernhards heftige Kritik, die er bis zu einer prinzipiellen Auseinandersetzung mit frauenfeindlichen Gesetzen führt.

Nach einem halben Jahr journalistischer Lehrzeit haben also Bernhards Reportagen und Feuilletons aus dem Gerichtsmilieu deutlich an Profil gewonnen. Dieses äußert sich in wachsendem Mut zu einer Stellungnahme und immer deutlicher werdenden menschlichen Bekenntnissen, wie etwa in dem Mitleid, daß er am 1. Oktober einer alten Frau aus Osteuropa zuwendet, die in einer Notlage ein Leintuch gestohlen hatte und dafür verurteilt worden war.

Schon am 27. September findet sich ein Hinweis auf eine Begegnung mit dem Vorbild für den Helden des "STIMMENIMITATORS". Da wird über den Staatsanwalt Dr. Zamponi berichtet, daß er die Jugend des Angeklagten (19 Jahre) ins Kalkül gezogen habe, *als er eine wuchtige Ansprache auf den vielleicht doch noch zu rettenden Mann losließ.*

Obwohl von der Redaktion unter Bedachtnahme auf seine Gemütsverfassung vorwiegend zu kleineren Straffällen eingeteilt, sind Thomas Bernhard als Gerichtssaalberichterstatter gewiß auch heftige Erschütterungen nicht erspart geblieben. Eine solche spricht am 7. November aus der Schilderung eines Prozesses, dessen Angeklagter ein zur Tatzeit betrunkener, offensichtlich schwachsinniger Mann gewesen war. Einige Zechkumpane hatten ihm ein Gewehr in die Hand gedrückt und ihn veranlaßt, ein kleines Fläschchen zu treffen.

Dabei wurde ein kleines Mädchen getroffen und getötet. Zwar gab es einen Freispruch des Täters wegen Unzurechnungsfähigkeit, aber die eigentlichen Urheber blieben zur großen Empörung Bernhards unbehelligt.

Mit unverhohlenem Vergnügen beschäftigt sich Bernhard am 24. November mit den Folgen eines Feuerwehrballs in einem Salzburger Dorf. ... *Und wie zu jedem Ball, gehörte auch in diesem Fall eine Reihe anerkannter Dorfschönheiten weiblichen Geschlechts, die um ihre 'Händchen' angehalten wurden. Wenn jedoch zwei um eine Hand anhalten, so kommt nie etwas Gescheites heraus, schon gar nicht, wenn der eine 'Hand-Hinhalter' den anderen einen 'saudummen Depp'n' nennt und ihm das Hemd aus der Hose zieht.* Die daraus resultierende Rauferei endete mit der Zertrümmerung eines Gehörganges und drei bedingten Arrestmonaten für den Urheber. Der aber war offensichtlich unbelehrbar: *Wann oana nöt in unsre Gmoa ghört, dann soll er nöt um a Hand langa!* sagte Ruepp und verschwand. Wobei klarzustellen wäre, daß es in diesem Fall beim Anhalten um eine Mädchenhand nicht um ein Eheangebot, sondern um die Aufforderung zum Tanze gegangen sein dürfte.

In der Tätigkeit Thomas Bernhards als Gerichtssaalreporter trat nun eine längere, bis 12. März 1953 währende Pause ein, das Schwergewicht verlagerte sich jetzt zunehmend auf lokale Berichte und solche über kulturelle Veranstaltungen. Das erste Thema, zu dem er nach einer mehr als vierteljährigen Unterbrechung in den Gerichtssaal zurückkehrt, ist eine Gattenmißhandlung, der eine Kindesentführung (12. März 1953) folgt.

Beide Familientragödien lassen kaum besondere Emotionen des Berichterstatters erkennen. Sehr empört Bernhard hingegen eine "Handgreifliche Lehrmethode" (9. April). Mit harten Worten wendet er sich gegen einen Lehrherrn, der seinem Lehrmädchen zur Bestrafung ein Haarbüschel ausgerissen hatte. Erst nach einer neuerlichen, mehrwöchigen Pause folgt dann wieder eine Serie kleinerer Gerichtssaalberichte, so über den Diebstahl von 13 Fahrrädern (20. Mai), eine "Ladendiebin aus Not", einen "Wilderer im Lungau", eine "Besoffene Geschichte" (22. Mai) und "Josefas Schicksalsfensterl" (26. Mai). Am 12. Juni referiert der Autor wieder über eine mit dem Verlust von einigen Zähnen verbundene Rauferei, diesmal im Salzburger Stadtteil Lehen. Dann aber wird er, wohl zum ersten Mal, mit den "Folgen von Rauschgift" konfrontiert.

In den folgenden Wochen ist Thomas Bernhard zur Gänze mit kulturellen Themen und Rezensionen beschäftigt. Erst am 3. Juli folgen Berichte über "Joseph und Potiphar auf dem Dorfe" und eine "Revolte bei Wirtin Marcella".

Am 10. Juli referiert er unter dem Titel "Den fünfjährigen Bruder zum Diebstahl verleitet" über einen Neunzehnjährigen, der seine kleinen Geschwister, elf und fünf Jahre alt, zum Diebstahl verleitet habe. Auch wird dem Richter, OLGR. Dr. Gandolfi, eine Abqualifizierung der angeblich mitschuldigen, aber nicht belangten *pflichtvergessenen Mutter* in den Mund gelegt. In dem Angeklagten glaubt Bernhard einen der von ihm verachteten Nachäffer amerikanischer Mode zu erkennen: *Der Angeklagte, in frischem, duftenden Sacco und der polierten Ami-Hose stellte sich frech vor die Schranken des Gerichts.*

In der Hitze der Auseinandersetzung mit einem wenig geliebten Zeitgenossen sind ihm jedoch wieder ein paar fatale Ungenauigkeiten unterlaufen, die dem Anwalt des Betroffenen Anlaß zu folgender Entgegnung gaben: *Das fünfjährige Kind war nicht an dem Diebstahl beteiligt und wurde daher auch nicht zu diesem Diebstahl verleitet. Daß die Schuld für die Entgleisung der Jugendlichen bei der Mutter zu suchen sei, stammt nicht (wie behauptet) aus dem Mund des OLGR. Dr. Gandolfi.*

In den Augustnummern des "DEMOKRATISCHEN VOLKSBLATTS" finden sich neun Justizberichte Bernhards, vorwiegend solche der belanglos-heiteren Art, wie die Titel "KRESZENZIAS BUTTERSTRIEZELN" (6. August), "ERNESTINE CONTRA LUCIE" oder "DIE URGROSSVÄTERLICHE EICHE" beweisen. Am 12. August schreibt Bernhard über ein "FRÄULEIN ALS LADENDIEBIN" – eine offenbar erfundene Geschichte, weil kein Gericht genannt ist. Als *Fräulein* wurden zu jener Zeit lockere, die Gesellschaft von Besatzungssoldaten suchende Damen bezeichnet. Sie haben mehr als einmal Thomas Bernhards ganze Abscheu herausgefordert, besonders jene, die sich mit farbigen Soldaten abgegeben haben. Rassistische Vorurteile waren in der Besatzungszeit bei den Salzburgern gang und gäbe. Auch Bernhard ist nicht frei davon gewesen, wenn er *zwei rundköpfige Neger* beschreibt, die in einem Verfahren gegen ein des *Beischlafdiebstahls* beschuldigtes *Fräulein* als Zeugen aussagten. Bei der Einvernahme habe – so Bernhard – *des edlen Negers prallgefüllte Lederbrieftasche* eine wesentliche Rolle gespielt (14. August). Die gleiche Aversion findet sich in einem "SALZBURGER HERBSTIMPRESSIONEN" betitelten Feuilleton am 17. November 1953, in dem er das Salzburger Nachtleben beschreibt: *Zwischen 11 und 12 Uhr nachts bei der Riedenburger Kaserne und der Abzweigung der Siezenheimerstraße – Maxglaner Hauptstraße – hier spielt sich Salzburgs Nachtleben ab. Der Broadway ist nichts dagegen. Auch nicht, was die schönen Frauen anbelangt. Die Schönheit der Frauen ist ja immer umstritten. Sie unterliegt der Mode. Das 'Haarlem' von Salzburg sozusagen. Vor dem Zuckerlgeschäft gegenüber der Feuerwehrzeugstätte feiert die 'Liebe' Orgien, die richtige Nylon- oder Perlon-Liebe. Es sollen schon richtige Kaufhäuser in dem nächsten Bezirk entstanden sein, die 'Liebe' in großen Mengen abstoßen, in unglaublichen Quanten zu gangbaren Preisen.*

Wenig charmant erweist sich Bernhard bei der Schilderung einer als Zeugin vor einem Gericht erscheinenden Schwiegermutter (7. Oktober 1953): *Mutter B., eine massige Figur aus Fleisch und Blut mit rotierenden Wangen und einem nicht ganz geraden Rücken ...* Das Gericht habe auch dem Angeklagten mehr Glauben geschenkt als der *tobenden Schwiegermutter,* der der Berichterstatter lieblos folgenden *starken Abgang* verschafft: *Die schwiegermütterliche Alte, fauchend vor Wut, entfernte sich grußlos.*

Nach mehreren Begegnungen mit dem Staatsanwalt Zamponi – angeklagt waren in diesen Verfahren ein *Pinzgauer Attentäter* (8. Oktober 1953) und eine *Veruntreuung von 116 000 Schilling* (8. Oktober 1953) – hat

Bernhard Gelegenheit, sich über eine Veronika zu erregen, die es gleich mit *sieben Negern* gehabt habe.

In den letzten Wochen des Jahres 1953 und erst recht im folgenden Jahr läuft Thomas Bernhards Arbeit im Gerichtssaal aus. "Hermann, der K.O.-Sieger" (27. April 1953) "Josef Duftbergers Missgeschick" (8. Dezember 1953) und "Die Schlauheit Oswaldos" (18. Dezember 1953) lassen noch einmal seine Vorliebe für handgreifliche Auseinandersetzungen erkennen. Am 18. Februar 1954 klingt in "Fazit einer Vorstadtehe" ein Familiendrama an, wobei die mit der *Vorstadt* zum Ausdruck kommende soziale Wertung von den Lesern wohl nur sehr schwer nachzuvollziehen war. Ein größerer Autoschmuggel nach Mailand (9. März 1954) und eine Bilderfälschung "Geschäfte mit Jan Brueghel" (15. April 1953) waren die letzten größeren Prozesse, die Bernhard beschäftigen sollten. Sein letzter, eindeutig identifizierbarer Gerichtssaalbericht ist am 12. Juni 1954 unter dem Titel "Zahlt sich das aus?" erschienen. Er ist einem armen, zum Diebstahl verleiteten Mädchen gewidmet. Seine eigentliche Qualität aber gewinnt er aus einer kurzen Landschaftsschilderung: *Im Salzburgischen, dort, wo die Berge das flache Land ablösen und die Dörfer in ihre Obhut nehmen ...*

Die Bedeutung von Thomas Bernhards Arbeit in der Gerichtssaalberichterstattung für eine interessierte Nachwelt liegt sicher weniger in ihren heute noch feststellbaren gedruckten Ergebnissen – sie läßt in ihrer Qualität deutliche Hinweise auf journalistisch oder gar literarisch Außerordentliches vermissen, und nur ganz selten blitzen Gedanken und Formulierungen auf, die die spätere Entwicklung des Autors voraussehen lassen; sie liegt wohl vielmehr darin, daß der Autor in diesem Milieu wichtige, sein Denken und Fühlen stark beeinflussende Eindrücke und Erfahrungen gesammelt hat, wie sie der abseits der Justiz lebende normale Bürger nicht gewinnen kann. Der in den fünfziger Jahren zweifellos noch vorhandenen Härte der Justiz, die der Berichterstatter sehr rasch als Ausdruck auch von gesellschaftlichen Machtverhältnissen kennenlernte, die aber nicht selten durch menschliche Richterpersönlichkeiten gemildert schien, stehen die Abgründe, aber auch die Nöte und die Verzweiflung kriminell gewordener Menschen gegenüber. Vor dem jungen, sensiblen Reporter tat sich ein Lernfeld auf, das sein unverbrauchtes Interesse fand, auf dem er aber auch so mancher Erschütterung Herr werden mußte. Immer wieder stößt man daher im Werk Bernhards auf Passagen, die auf sein Erleben als Gerichtssaal-Journalist zurückgehen.

Selbst der Musikkritiker und Philosoph Reger, den Bernhard in einem seiner letzten und bedeutendsten Prosabände "ALTE MEISTER" in kunstvollen indirekten Zitaten themenführend zu Wort kommen läßt und der trotz seiner 82 Jahre deutliche autobiographische Züge trägt, läßt seinen Gesprächspartner Atzbacher wissen, daß er *schon sehr oft mit der Justiz in Berührung gekommen* sei. Sachkundig begründet Reger auch seine Kritik an der österreichischen Justiz: *... es vergeht keine Woche, in welcher nicht ein längst abgeschlossenes Verfahren wegen*

gravierender Verfahrensmängel wieder aufgenommen und das sogenannte Ersturteil wieder aufgehoben wird, ein sehr hoher, diese perfide Justiz kennzeichnender Prozentsatz der Urteile, die die österreichische Justiz in den letzten Jahren gefällt hat, sind sogenannte politische Fehlurteile gewesen ...[7]
So habe man es in Österreich, fährt der kritische Reger fort, nicht nur mit einem durch und durch verkommenen und dämonischen Staat, sondern auch mit einer durch und durch verkommenen und dämonischen Justiz zu tun. Wer mit ihr zu tun habe, stelle fest, daß die österreichische Justiz eine gefährliche katholisch-nationalsozialistische Menschenmühle sei, die nicht vom Recht, wie es zu fordern wäre, in Gang gehalten sei, sondern vom Unrecht und in welcher die chaotischsten Zustände herrschten.

Wenn Thomas Bernhard in seine totale, die gesamte Gesellschaft treffende Kritik neben anderen, besonders bezeichneten Bereichen auch die Rechtspflege einbezieht und benennt, ist das gewiß auf seine frühen Berufserfahrungen zurückzuführen. Konkrete Ansätze oder Hinweise auf diese spätere Kritik sind in den journalistischen Jugendarbeiten jedoch kaum zu finden. In seinen Gerichtssaalberichten entfernt er sich wenig von landläufigen Wertvorstellungen und Vorurteilen, eine selten zutage tretende Emotionalität richtet sich gegen allgemeine Umstände, aber kaum jemals gegen konkrete Verfahren und Gerichte.

Thomas Bernhards kritische Weltsicht ist nicht in den Sälen des Salzburger Landes- und Bezirksgerichts, sondern wohl erst später entstanden, dann aber auch von diesen Erfahrungen genährt worden.

Chronist des Alltags

Es gehört zu den Vorzügen einer kleinen Redaktion, daß dem angehenden Journalisten, wenn auch unter dem Zwang enger Verhältnisse, eine sehr vielseitige Ausbildung zuteil wird. Die Gerichtssaalberichterstattung bildete beim "DEMOKRATISCHEN VOLKSBLATT" zwar eine eigene, mit großer Sorgfalt gepflegte Sparte, sie wurde aber stets von der Lokalredaktion mitbetreut. So wurde Thomas Bernhard schon bald nach seinen ersten Versuchen in der Gerichtssaalberichterstattung die Gelegenheit geboten, auch über lokale Themen zu schreiben. Seine erste größere Arbeit auf diesem Gebiet erschien am 10. März 1952 unter dem zweispaltigen Titel "SCHICKSALE AM HAUPTBAHNHOF", eine Reportage über *volksdeutsche* (dieser Begriff aus der offiziellen Nazi-Terminologie war in Österreich noch viele Jahre nach dem Kriegsende üblich) Auswandererfamilien:

"Salzburg, Hauptbahnhof. Unten, neben dem Haupteingang, stehen riesige Kisten auf einem Haufen beisammen. Sie sind fachmännisch zusammengenagelt, was auf eine lange Reise hindeutet. Die verschiedenen Aufschriften kann man lesen, wie Illinois, Ohio, Virginia, Kalifornien, Tennessee, Washington usw. Daneben stehen Männer, Frauen und Kinder, in warme Mäntel gehüllt. Die Frauen haben schwarze Tücher umgebunden, was auf ihre Herkunft schließen läßt. Es sind Banater, Bessarabier und Volksdeutsche aus allen osteuropäischen Ländern. Manche haben Steirerhüte auf dem Kopf, echte Haferlschuhe an den Füßen. Sie stehen im Schneewasser und warten. Wie oft schon? Da plauderten sie und die Kinder säßen hoch oben auf dem Kistenberg. Sie lachten und spielten. Ihre neue Lage komme ihnen sicherlich interessant vor. Aber die Alten machten selt-

same, erwartungsvolle Gesichter. Sie hätten alles bei sich, was sie besäßen, Bettzeug, Küchengeschirr, Kleider und Schuhe. Was sie aber außer diesen Dingen mittrügen, sei Hoffnung. Die Hoffnung auf das gelobte Land; drüben werde alles ganz anders sein, dächten sie. Aber in diese Hoffnung hegt Thomas Bernhard Zweifel. Deshalb zitiert er Briefe, bezüglich dieser frühere Auswanderer herübergeschrieben hätten: *Da ist mancher Mißton zu finden. Wir hören von schweren Lebenskämpfen, von übermenschlicher Arbeit, von Verzweiflung, Heimweh, Krankheit und Tod. Und fast müssen wir diesen Briefschreibern, sie sich zurückwünschen nach Europa, glauben.* Hier aber stünden die Heimatlosen, ein Wort, das alltäglich geworden sei. Wir fänden gar nicht mehr so viel daran. Zwanzig oder dreißig Schicksale stünden hier beisammen, hätten seit Jahren jeden Groschen gespart, um endlich die Reise über das große Wasser antreten zu können. Viele von ihnen seien schon seit vielen Jahren in Österreich. Durchwegs fleißige Menschen mit kräftigen Händen und viel Mut. Sie seien mit den deutschen Truppen zurückgezogen und schon vorher *heim ins Reich* geführt worden. Eine ungeheuere Anklage erhebe sich hier – gegen wen?

Ich stehe hier vor einer Banater Familie. Mann, Frau und die gerade den Windeln entschlüpften Kinder sitzen herum. Die Mutter erzählt. *Sie hat es schon dreimal mitgemacht, das sogenannte Auswandern. Sie kennt es schon, dieses 'nirgends mehr zuhause zu sein.' Ein letztes Mal will sie es mitmachen, für die Kinder, daß sie es besser haben für später, daß sie in einer 'freien und wirklich friedliebenden Welt' existieren können. 'In zwei Wochen sind wir in Philadelphia'. Und doch ist in ihrer Stimme ein bißchen Wehmut und sie denkt an das Innviertel mit der Eferdinger Gegend (Geographisch unrichtig – d.Verf.), wo sie in den letzten Jahren bei einem Bauern arbeitete.* Hier würden sie verstanden, wenn sie jemand anredeten. In drei Wochen stünden sie vielleicht mitten in einer der Wolkenkratzerstädte der USA und versuchten, sich verständlich zu machen, und sie hörten nichts als 'I don't know!' Aber es scheint, als könne ihnen nichts etwas anhaben. *Vielleicht kommen die Männer wieder einmal zurück, auf 'Europa-Tour' im Jeep, stahlbehelmt und gummikauend? Alles haben wir erlebt. Th.B.*

Viel mehr als in den Gerichtssaalberichten wird in dieser Reportage warmherziges Empfinden spürbar, Anteilnahme an dem Schicksal der fremden Flüchtlinge und an ihren Hoffnungen, denen Bernhard aber auch seine Skepsis entgegensetzt. Skepsis gegen die wohl zu hoch gespannten Erwartungen, die man in den Leuten geweckt hat; Skepsis aber auch gegenüber dem gelobten Land. Der Leser hakt ein bei der rhetorischen Frage, gegen wen sich die Anklage gegen die Flüchtlingsschicksale zu richten habe. Natürlich sind Hitler und Nazi-Deutschland gemeint, aber es schwingt auch, wie damals noch durchaus üblich, der Vorwurf gegen den "Bolschewismus" mit, vor dessen Grausamkeit die Menschen flüchten mußten.

In dieser ersten größeren journalistischen Arbeit im "DEMOKRATISCHEN VOLKSBLATT" ist noch nichts von den *zuweilen langen und schwerfälligen, umständlichen und immer wieder verschachtelten Sätzen* zu finden, die Marcel

Reich-Ranicki in einer, in der "ZEIT" von 25. Oktober 1968 veröffentlichten Rezension von Bernhards "PROSA" kritisiert. Noch nichts ist von diesen *mühseligen und qualvollen Wortgefügen* zu entdecken, *die eine beharrlich bohrende Prosa* ergeben, *die die Qualen und die Mühsal der Gestalten mit verblüffender Anschaulichkeit benennt und beschwört.* Noch übt sich der junge Journalist Bernhard, wie es ihm der Redakteur wohl aufgetragen hat, in kurzen, das Prädikat betonenden Sätzen. Sie tragen die dramatische Steigerung und stellen sich in dieser Flüchtlingsreportage als wesentliches, geradezu schulmäßiges journalistisches Stilmittel dar. Die Ich-Form des Berichts ist dem Blatt ebenso ungewöhnlich wie seine Zeichnung mit den Anfangsbuchstaben. Es scheint, als wolle der Chefredakteur auf den jungen Autor aufmerksam machen.

Schon einige Tage zuvor war Thomas Bernhard mit zu einer Presseführung durch die Lebensmittel- und Landwirtschaftsuntersuchungsanstalt geschickt worden, der knappe Bericht über die dabei gewonnenen Eindrücke erschien unter dem ebenfalls zweispaltigen Titel "MIT RETORTE UND FILTER GEGEN PANTSCHER" am 8. Februar 1952 und war auch schon mit den Anfangsbuchstaben Th. B. gezeichnet.

Fast gefrozzelt muß sich der schmale junge Mann, dem man ansah, wie vertraut ihm der Hunger war, gefühlt haben, als er von der Redaktion zu einem Vortrag des Ernährungswissenschaftlers Wilhelm Halden geschickt worden war. Thomas Bernhard resümiert das Ergebnis der erleuchtenden Ausführungen in der

Volkshochschule: *Und das Allerwichtigste: nur dann essen, wenn sich der Magen – ins Große übertragen, der Bauch – meldet. Nur er allein kann wissen, ob er etwas braucht oder nicht...*

Bei einer Schilderung des Salzburger Jahrmarkts wird etwas von Bernhards Humor spürbar: *Man muß sagen, die 'Dult des Jahrhunderts', die einzigartigste Dult der Welt..., das Ereignis mit Atombombenwirkung, spielt sich derzeit im Volksgarten ab. Es gibt alles zu schauen, essen, aufregen, gruseln, 'schiaßn' und natürlich zahlen, was das wichtigste ist* (16. September 1952).

Aber schon im August hatte sich Bernhard mit seiner zweiten größeren Reportage zu bewähren. Sie war dem "HOTEL ZUR GRÜNEN WIESE" – so lautete der zweispaltige Titel des wieder mit Anfangsbuchstaben gezeichneten Berichts, – einem Campingplatz im Salzburger Stadtteil Aigen gewidmet. Nur wenige Salzburger wüßten von diesem naturverbundensten aller Salzburger Hotels, von dieser internationalsten aller Salzburger Herbergen. Von schmucken Holztafeln werde der Automobilist knapp hinter dem Doktor-Schlössel zum Fuß des Gaisbergs geführt, von wo aus man einen wunderbaren Blick auf die erhabene Festung und den Untersberg genieße. Unter mächtigen Buchen hätten die Gäste ihre Zelte aufgeschlagen. Aus aller Welt seien sie hierher gekommen, per Auto, Motorrad oder Vespa, mit und ohne Anhang, fröhlich und beglückt von der österreichischen Landschaft. Aus einer uralten Mühle sei ein bescheidenes, aber mit viel Liebe und Idealismus geführtes Restaurant geworden, und an der improvisierten Portiersloge, einem herabhängenden Eichenast, bekomme jeder Neuankömmling einen Ring in die Hand gedrückt, auf dem das Eintrittsdatum vermerkt sei. Darnach werde beim Abgang der Preis berechnet, der sich pro Person und Tag auf S 2,50, pro Auto auf S 4.- und Motorräder S 3.- stelle. *Schön, sauber, in ihrer Aufmachung zum Teil unbekannte Zelte breiten sich auf dem hellen Rasenstück aus. Alle Farben spiegeln sie, schneeweiß bis dunkelgrün. Die Familie Devussiart aus Paris-Argenteuil nimmt gerade das Mittagessen ein … 'Bonjour Monsieur!' rufen die drei Kleinen zugleich, und beginnen mit allen möglichen Gesten in der galanten Sprache des Champs Elysees von Salzburg und seinen unübertrefflichen 'Curiosités' zu schwärmen. Herr Devussiart … meint, daß die Mozartstadt, was Charme und Noblesse anlangt, dem Paris von heute sehr ähnlich sei. In- und auswärtige Liebenswürdigkeit zeichnet, meint er auf französisch die Salzachstadt aus …* Ein paar Schritte weiter campierten die Carneys. Das Empire sehe man ihnen schon von weitem an. Ein flatternder Wimpel deute auf Birmingham … Von den Italienern sage man, daß sie das temperamentvollste Volk seien. Luigi Pendale und seine schwarze Schönheit hätten es sich hier oben ganz mäusestill und 'kreuzgemütlich' gemacht … Während man von der neuseeländischen Kolonie, die aus zwei 'Sportsman' (unrichtiger Plural- d.Verf.) bestehe, einen improvisierten, aber durchaus nicht mißlungenen Jodler vernähme … Außer den Österreichern, vor allem aus Wien und am wenigsten bei Kasse, kämen sehr viele Deutsche angerückt. Stolz des *Hotels* aber seien die beiden sehr vielsagenden Namen: Tan Saen Tsching und Tan Ing Hwa aus Siam …

Sie hätten ein siamesisches Gedicht über Salzburg verfaßt. Man zerbreche sich den Kopf über den Inhalt, aber der tüchtige Chef erhoffe sich das Beste.

Die Sensation des Salzburger Campingplatzes habe eine regelrechte Hochzeitsfeier nach südafrikanischer Art gebildet. Penny und Appledorn hätten im Herbst vergangenen Jahres unten in Johannisburg geschworen, in Salzburg zu heiraten.

Die meisten Campinger verpflegten sich selbst nach amerikanischem Muster, viele aber versorgten sich in der Kantine mit allem Notwendigen ... Natürlich seien die Campinggäste (mit wenigen Ausnahmen) nicht sehr anspruchsvoll. Sie verzichteten auf Silber und Meissner Porzellan, fracktragende Bedienung und Barstimmung. Sie fühlten sich hier durchaus glücklich und wüßten die Luft und die liebenswürdige Romantik zu schätzen. Am Abend gebe es Lampionbeleuchtung, Kerzenlicht und Bachrauschen. *Die Festspielbesucher machen sich gesellschaftsfähig und fahren in die Stadt. Die übrigen singen Lieder, plaudern und erzählen einander aus dem Leben, verständigen sich über die von der Zeit gesetzten Schranken hinweg. Hier gibt es wohl verschiedene Sprachen, aber sonst kaum irgendwelche Gegensätze. Erst um Mitternacht wird es ruhig, und eine friedliche Stimmung breitet sich aus über dieser, aus aller Welt zusammengewürfelten Gemeinde.*

Für diese lebendige Schilderung dürfte Bernhard von der Redaktion viel Lob geerntet haben, mag ihre Farbigkeit auch mehr der Phantasie als einer Unterhaltung mit den fremdsprachigen Gästen entsprungen sein, zu der

der junge Mann damals wohl nur sehr eingeschränkt fähig gewesen sein dürfte. Ich erinnere mich, daß er einen redaktionellen Auftrag, über eine amerikanische Militärgerichtsverhandlung zu berichten, wegen seiner mangelnden Englischkenntnisse nicht übernehmen wollte. In der "URSACHE" erzählt er, während seiner Hauptschulzeit bei einer Dame aus Hannover Nachhilfeunterricht in Englisch genossen zu haben.[8] Im gleichen Buch berichtet er, 1946 von einem jungen, nach Traunstein versprengten Franzosen in Französisch, von einem anderen in Englisch unterrichtet worden zu sein.[9] Der Besuch des humanistischen Gymnasiums in Salzburg, das er bekanntlich vorzeitig verlassen hat, dürfte ihm bei der Erlernung lebender Fremdsprachen nicht weitergeholfen haben.

Dieser Schranken ungeachtet, war Bernhard in diesen Tagen durch die Stadt gezogen, um einige Gäste Salzburgs über ihre Meinung zu befragen. *Salzburgs Fremdenverkehrssaison erreicht in diesen Tagen ihren Höhepunkt. Das Sprachengewirr verdichtet sich und die Straßen und Gassen leiden an zunehmender, akuter Verstopfungsgefahr*, schreibt er einleitend. *Alles ist von farbenprächtigen Madames und panamabehüteten Gentlemen überflutet, und die eleganten Rolls Royces bringen die Gäste zu den Festspielaufführungen.*

Um aber auf den Kern der *Fremdenverkehrssache*, die ja alle angehe, zu kommen, habe man sich auf einen Bummel durch die Stadt gemacht, um Fremde über ihre, von uns so geschätzte Meinung über Salzburg und seine hochgepriesene Gastfreundschaft zu fragen:

Es begann am offenen Wagenschlag des Mister Idlewood aus Manchester. Der Herr im olivgrünen Schnürlsamt-Sacco ließ sich kaum stören, seine Virginier anzurauchen, gewährte aber dennoch ein Dreiminuteninterview. Very good …, meinte er in Bezug auf die Landschaft und die momentane Witterung, machte aber auf die bescheidene Frage nach dem Pensionspreis ein bittersüßes Gesicht. Auf einer Bank neben dem ÖSTERREICHISCHEN HOF hätten gerade zwei junge hübsche Mädchen eine umfangreiche Jause verzehrt. Erst nach sorgfältigem Beschnuppern hätten sie sich als waschechte Berlinerinnen geoffenbart. Dann zitiert der Verfasser zwei Basler: *Strecke müsse wir uns halt …* Für ein Zweibettzimmer in Maxglan hätten sie 140 Schilling bezahlt, und dann kämen dazu noch 150 Schilling zum Leben.

Zwei junge Amerikanerinnen, die kaum des Deutschen mächtig gewesen seien, hätten zu verstehen gegeben, daß es nirgends so teuer sei wie in Salzburg. Hingegen sei es einem Münchner Zahnarzt nicht einmal so teuer vorgekommen. Auf Jedermanns Podium beobachtete Bernhard ein Frankfurter Ehepaar, das Wiener Würstchen gegessen habe.

Dann dürfte Thomas Bernhard eine Studienkollegin ins Gespräch gezogen haben: *Wir erhaschten Irene vor dem Mozarteum. Sie macht einen Kurs an der Sommerakademie, um Belcanto zu studieren. Den abgegriffenen Donizetti unter dem Arm, plaudert Irene Stuttgarter Intimitäten aus: Am besten verkehrt man in Salzburg nur noch italienisch, dann kann man sich so manchen Schilling behalten! Handeln muß man, mehr als anderswo …*

Zuletzt stieß der Reporter *ganz zufällig* auf einen Neger. *Er machte große Augen und begann auf unsere Frage in tadellosem Englisch ein Loblied auf die Salzachstadt zu singen. Seine Heimat ist Transvaal und sein neuer Liebling ist die Norma in Don Pasquale ...*

Die Tendenz der Reportage wird vollends im Schlußsatz klar: *Sind die Fremden auch von der bezaubernden Atmosphäre der Mozart-Stadt eingefangen, so bemängeln sie doch die 'Haltlosigkeit' der Hotel- und Gaststättenpreise!* Womit sich Th. B. eines offensichtlichen Redaktionsauftrages entledigt hat (6. August 1952).

Ein Besuch im Dorotheum bietet Bernhard Gelegenheit, seinen Lesern ein gelungenes Mixtum von sozialer Milieu-Schilderung und Humor anzubieten. Unter dem Titel "ALTE HÜTE UND DIVERSES" hat er über eine Versteigerung im staatlichen Leihhaus zu berichten:

Die Gemüter der eingefleischten Jünger Dorotheas, der schuld- und leidvollen Göttin der armen Leute, werden bei jedem Hammerschlag (ob sie wollen oder nicht) mitgerissen und der Stimmgewaltige auf dem pompösen Podium führt gerade in der Zeit zwischen zwei und drei Uhr nachmittags Meisterstücke österreichischer Zungenakrobatik vor dem 'kostenlos und zahlreich' erschienenen Publikum auf. Wenn er auch schon nach der ersten Viertelstunde heiser ist, fährt er doch geradewegs ins Element, zumal die dargebotenen Gegenstände durchaus wert sind, daß man sich ihretwegen den Kopf aus dem Leib reckt. Welcher Unterrock aus mattrosa Seide wünscht sich nicht in seinem Leben ein solch haarsträubendes 'G'riß'!

Dieser Tempel gehöre den Armen, fährt Thomas Bernhard fort, betrachtet man die wunderbaren Marmortafeln an den vier hohen und erhaben wirkenden Wänden ... Freilich gebe es auch zuweilen Streit, wie überall auf der Welt und auch in der Familie. Die große Familie Dorothea, die sich tagtäglich aus anderen Mitgliedern zusammensetzt, pralle eben auch einmal aufeinander, und so sei es im Zuge einer Rasierklingen-Versteigerungsaktion zuletzt zu einem unvorhersehbaren, heftigen Knall und dann zu einer Explosion, die in Schimpfworten wie *hing'hörns* und *Sie Trottel* gipfelten, gekommen. Auf die Idee, Überlegungen über die Herkunft der versteigerten Gegenstände anzustellen und damit seiner Milieu-Schilderung einen weiteren sozialen Aspekt zu eröffnen, ist Th. B., aber auch der das Manuskript bearbeitende Redakteur leider nicht gekommen (6. November 1952).

Die spitze Feder des Kritikers bekam ein Höhlenforscher zu spüren, der im Rahmen der Volkshochschule einen Vortrag über eine Begehung der Tantalhöhle im Tennengebirge hielt. *Alles in allem ein sehenswerter Abend, den Alfred Koppenwallner schlecht und recht ans Ende brachte. Denn eines: Wenn einer eine Rede hält, sollte er sich einigermaßen vorbereiten,* resümierte Th. B. (10. November 1952).

Wenige Tage später nützt Bernhard die Chance, recht tief in die ihm später so viel bedeutende Welt des Theaters einzudringen. Wahrscheinlich war die "Vor und hinter den Kulissen" betitelte Reportage der Anlaß für seinen ersten Besuch auf und hinter der Bühne des

Salzburger Landestheaters, die später Schauplatz der Uraufführungen mehrerer seiner Werke sein sollte. *Wie oft nahmen wir schon in den roten Plüschsesseln des vollen und leeren Hauses in der Schwarzstraße, das man mit dem schmuckkästchenhaften Josefstädter Theater in Wien vergleichen könnte, Platz, um auf eine bereits durch die Welt gegangene Tragödie, ein Schauspiel landläufiger Art oder ein beschwingtes Lustspiel zu warten?*, eröffnet der Autor seinen Bericht. *Unser Theater hat ohne Zweifel Tradition. Abgesehen davon, daß Girardi und viele andere später berühmte Darsteller spielten, war es seit Jahrzehnten Stätte erstklassiger Aufführungen im Rahmen der Festspiele...sie machten aus ihm alljährlich ein, gewissermaßen österreichisches Kulturzentrum ...*

Wählen wir aber, wie vorgestern der Stadtverein, das Bühnentürl für einen Theaterbesuch und arbeiten wir uns langsam in die heiligen Hallen jenseits der puderbetupften Madames und krawattenbeherrschten Gentlemen vor, da werden unsere Aussichten immer realer und, sagen wir es offen und ehrlich, nüchtern.

Sodann schildert der Beobachter seine Eindrücke in der Kostümwerkstätte und im Kulissenlager, beschreibt im Detail die vorgefundenen Requisiten und erläutert die Funktion der Drehbühne, ehe er sich einer Probe zuwendet: *... und die gewaltige Stimme des Regisseurs, der ständig zwischen größter Verzweiflung und höchster Zufriedenheit schwankt. Wie jeder Regisseur verweigert auch dieser das nähere Begutachten und Herumspazieren zwischen den durchaus nicht hieb- und stoßfesten Kulissen und gibt uns den guten Rat, am Tag der Erstaufführung wiederzu-*

kommen. Nicht wenig beeindruckt zeigt sich Bernhard von der Arbeit der Schauspieler: *... und wenn man die verschiedenen Charaktere betrachtet, die hier hin- und aushuschen, so kann man sich ohneweiters vorstellen, daß einer oder der andere den verwaisten Iffland-Ring tragen wird.*

Im Kulturteil des Blattes vom gleichen Tag, dem 27. November, ist eine wohl von Bernhard stammende Notiz über damals am Landestheater stattfindende Proben zu einem altdeutschen Weihnachtsspiel von Emil Alfred Herrmann, "DAS GOTTESKIND", unter der Regie von Dr. Victor Eckert nachzulesen. Unter den Mitwirkenden wird auch Herbert Fux genannt, der spätere Filmschauspieler, Nationalratsabgeordnete, Gemeinderat und prominenteste Grün-Politiker Salzburgs.

Schon im Zeichen des bevorstehenden Weihnachtsfests steht ein flott geschriebener und anschaulicher Bericht Bernhards über eine Modelleisenbahnschau im Kaisersaal der Residenz (5. Dezember 1952).

Eine Schlüsselrolle aber kommt möglicherweise einem tags zuvor erschienenen Beitrag Thomas Bernhards unter dem Titel "WAS BRAUCHT EIN KIND ZUM LEBEN?" zu. Ausgangspunkt ist ein Vortrag des damals sehr bekannten Kinderarztes Professor Dr. Franz Hamburger in der Volkshochschule, den er mit seiner Forderung nach Licht, Luft, Ernährung, Schlaf und Freude zitiert. Und auf keinen Fall verwöhnen dürfe man das Kind: *Das rächt sich!* An das Referat des Professors schließt nun der Autor eigene Betrachtungen an: *Wie notwendig die Freude für unser Kind ist, braucht man nicht erst ausdrücklich zu betonen. Nicht in teueren Geschenken liegt die Freude, sondern im Menschen selbst. Wohlhabende können am allerwenigsten Freude geben ... Die Liebe, die wir dem Kind entgegenbringen, ist das wertvollste Gut. Vor allem die wahre Mutterliebe. Freude ist das höchste und steht in einem unmittelbaren Zusammenhang mit dem Organismus. Man bereite den Kindern Freude, wo immer man kann ... Immer und 'selten', dann wird sie Früchte tragen.*

Diese Postulate Thomas Bernhards kommen, wenn man seine, auch von Carl Zuckmayer apostrophierte Kindheit in Betracht zieht, gewiß aus vollem und tiefen Herzen (4. Dezember 1952).

In der Arbeit Bernhards für die Lokalredaktion tritt sodann eine längere Pause ein, kulturelle Berichte beanspruchen ihn im zunehmenden Maße. Erst am 7. Februar 1953 erscheint unter dem Titel "TIERE ALS DANKBARE FILMSTARS" im Lokalteil ein Referat über eine Kulturfilm-Vorführung im Rahmen der Volkshochschule, das allerdings erstaunliche, nicht redigierte grammatikalische Ungenauigkeiten erkennen läßt: *Fang und Züchtung der afrikanischen Elefanten fand beim Publikum größtes Interesse ...* , heißt es hier unter Mißachtung der auch in der Zahl erforderlichen Übereinstimmung von Satzgegenstand und Satzaussage. Ein falsches Bild gerät ihm in den Satz: *Falken schlagen ihre Beute in die Luft, zum Unterschied vom Habicht, der dies am Boden durchführt.*

Am 27. Februar veröffentlicht das Blatt die erste, erkennbar von Bernhard selbst recherchierte Meldung

(Wie wir erfahren ...). Sie kündigt die Veranstaltung eines Frühlings-Volkstanzfestes am 2. Mai an und kann als Beweis dafür gelten, daß Thomas Bernhard in diesen Jahren großes Interesse für die Brauchtumspflege hegte und auch persönliche Beziehungen zu diesen Kreisen unterhielt.

Ein kurzer Bericht unter dem Titel "VON DEN PYRAMIDEN BIS ZU BASILIKEN" ist einem Vortrag des Kunsthistorikers Dr. Ernst Köller in der Volkshochschule gewidmet. Er bezeugt die erwachende Hinwendung Bernhards zur Kunstgeschichte, wobei er sich schon recht bald kritisch mit damals gängigen Auffassungen der akademischen Kunstgeschichte auseinandersetzten sollte (6. März 1953).

Erst nach vielen Monaten, am 9. Juli 1953, meldet sich Bernhard wieder mit einer Lokalreportage, diesmal über die "URALTE SALZSTADT HALLEIN" zu Wort. Er beschreibt die Kirche, das damals noch sehr bescheidene Museum, eine Fahrt mit der Salzbergbahn und einen Besuch im Bergwerk. Der Schluß nähert sich fast einer Stimmungslyrik: *Wir möchten ja wirklich hier leben, man müßte hier geboren worden sein und nichts wissen von all den fernen gewichtigen Dingen draußen ... Man müßte so frei sein wie ein Vogel!*

Handfester, deftiger Humor hingegen wird in einer Reportage "FREISTIL-IMPRESSIONEN VOM VOLKSGARTEN" (10. Juli 1953) spürbar. Die dort veranstalteten Ringkämpfe zählten damals zu den wichtigsten Volksbelustigungen: *"Man umklammert sich in fleischiger Liebkosung und wirft sich fünf Meter in die Luft – wobei es nicht ausgeschlossen ist, daß einer außerhalb der Ring-Umgrenzung auf den Köpfen des Publikums landet ... Man spuckt auch zuweilen und stößt klapperschlangenähnliche Zischlaute aus, hat man den Gegner endlich einmal zwischen die Beine geklemmt ...* Die besondere Würze des Abends liegt für den Berichterstatter beim Publikum: *Nicht nur junge Leute sieht man, auch verschiedentlich Salzburger Bürger, die mit ihren großen Wagen vorfahren. Die Girls springen auf, nach der dritten Runde schreien sie mit vereinten Kräften, fahren sich in die Haare, umringen schließlich den Ring. Was man da alles aus weiblichem Munde hören kann, ist kaum glaublich.* Am Schlusse kommt die ganze Verachtung des Autors zum Ausdruck: *Es ist charakteristisch, daß sich so etwas kurz vor Beginn der Festspiele in Salzburg abspielt. Und daß niemand etwas daran findet.* Nach seiner damaligen Auffassung hätte sich also der Salzburger Alltag den Ansprüchen der elitären Hochkultur zu unterwerfen gehabt. Oder dient der Schluß eher der Rechtfertigung einer sich selbst nur ungern eingestandenen Vorliebe für derbes, volkstümliches Jahrmarkttreiben (10. Juli 1953)?

Am 13. Juli haben die Leser des Blattes Gelegenheit, mit Thomas Bernhard eine Wanderung über den "Guten alten Mönchsberg" zu unternehmen. Die besinnliche Schilderung des Landschaftsbilds enthält den ausdrücklichen Hinweis, daß Menschen von der Humboldt-Terrasse *selbstmörderisch in die Tiefe springen.*

Zwei Tage später schreibt Bernhard in einer Reportage über die Vorbereitungen zu den Festspielen, insbesondere über die bereits eingetroffenen Künstler. Wilhelm Furtwängler wird dabei besonders und mit großer Ehrfurcht erwähnt. Sodann berichtet er über die Wiederbelebung des Residenzhofes durch kleinere Opernaufführungen, die fieberhafte Probetätigkeit und die Arbeit in den Werkstätten. Die Reportage läßt bereits eine große Vertrautheit des Verfassers mit der Welt des Theaters erkennen.

Am 22. Juli liest man in der Beilage eine größere Schilderung Bernhards "VON WIRTSHÄUSERN, WIESEN UND FELDERN", die dem Flachgau, der Gegend seiner Kindheit, gewidmet ist. Dabei erfährt man, daß der kleine Thomas Angst vor den in den Heuhütten übernachtenden Bettlern empfunden hat. Henndorf aber, *das ist der Ort der Salzburger Dichter, der eine wurde hier eines Tages geboren, der andere starb vor dem Friedhofshügel, der dritte rastete aus nach der Fahrt um die große Kugel!* Der Hinweis Th. B.'s dürfte wohl dem Großvater Johannes Freumbichler, dem oberösterreichischen Heimatdichter Franz Stelzhamer, der seine letzten Jahre in dem Flachgauer Ort verbracht und dort seine letzte Ruhestätte gefunden hat, und Carl Zuckmayer gelten. Der junge Mann ist also großzügig genug, auch die beiden letzteren für seine Wahlheimat in Anspruch zu nehmen.

Am 24. Juli widmet sich Bernhard erneut den Festspielen: "FESTLICHE TAGE – AM RANDE GESEHEN", wobei er heitere Beobachtungen des Verkehrs, des Lebens in den Restaurants, Gespräche der Salzburger und die Eindrücke eines Proben-Kibitzes zum Besten gibt. Am 27. Juli finden sich in einem großen, dreispaltigen Feuilleton Interviews mit Salzburgern zum Thema

Festspiele: *Es ist ja doch viel interessanter, die Frau Mayer zu fragen, wie es ihr geht und was sie zu den Festspielen, und allem, was daran hängt, sagt, als Rita Hayworth oder die Miß Universum zu interviewen.* Einen Straßenpassanten läßt Bernhard antworten: *Was glauben Sie, was I davon hab', von dö ganzen Festspiele?* Ein Versicherungskassier freut sich über die neuen, offenbar den Festspielen zuzuschreibenden neuen Leuchten auf dem Domplatz: *Die hätten wir sonst nie bekommen!* Die Äußerungen von Obusfahrern, Verkehrspolizisten, Zeitungsverkäufern, einer Lavendel-Frau und einer Straßenkehrerin im Mirabellgarten erweitern den bunten volkstümlichen Interviewreigen. Am selben Tag präsentiert Bernhard "REICHENHALLER NOTIZEN", wobei er von der *vorgelagerten Stellung* der Nachbarstadt spricht, die *Vorbote der Festspielstadt* sein will. Es folgt eine bedächtige und nachdenkliche Schilderung der Stadt. Er versäumt dabei nicht, darauf hinzuweisen, daß es als Folge des Krieges neben den noblen Villen auch noch Holzbaracken gibt, *wie in Salzburg,* und schließt mit einem kritischen Vergleich bayerischer und Salzburger Preise (27. Juli 1953).

Tags drauf findet sich eine Reportage "DIE PIRATENSCHLACHT AUF DER SALZACH", die eine bemerkenswerte Vorliebe für das Landleben verrät und mit einem Bekenntnis zu bäuerlichen Traditionen endet. Eingeleitet wird der Bericht mit einem *Lob des Wanderns: Die lärmgeplagten Stadtnerven würden dabei endlich einmal zur Ruhe kommen.* Vor 675 Jahren sei die Schiffergilde Oberndorf vom damaligen Erzbischof Firmian gegründet worden (eine Behauptung, die der historischen

Überprüfung nicht standhält – d. Verf.), und nun habe man die alte Tradition in der Form der *Piratenschlacht* wiederbelebt. *Denn einzig das Land bringt es immer wieder fertig, rechte Volksbräuche nicht einschlafen zu lassen, während die Stadt sich erst mühsam wieder erinnert ...*

Mit dieser Vorliebe für das Brauchtum verbindet sich eine starke Affinität Bernhards zur Mundartdichtung. In einer Auseinandersetzung mit dem Welser Professor Hauer, *der über das größte Archiv der österreichischen Mundartdichtung verfügen soll,* erweist sich Bernhard auch als profunder und streitbarer Kenner dieses Genres:

Daß Professor Hauer den zu den ernstzunehmenden Mundartdichtern Oberösterreichs gehörenden Schatzdorfer trotz Nennung völlig unwesentlicher Schreiber nicht erwähnte, berührt eigenartig, ebenso wie das Hervorheben August Radnitzkys, den Hauer in einem Atemzug mit dem gewichtigen Sylvester Wagner nennt. Die Reihung Otto Pflanzl, Freumbichler, Konrad Nusko darf als Verkennung der Qualitäten gewertet werden. ... Es ist zu begrüßen, daß man sich mehr und mehr mit unserer Mundart beschäftigt. Die 'Vermassung' auf diesem Gebiet aber, und die damit verbundene Züchtung des Dilettantismus – es gibt eine Art seelenvoller Bierstübl-Lyrik – ist abzulehnen! (26. Oktober 1953)

Der Einfluß des heute auch von der Literaturwissenschaft als "Heimatdichter" hoch eingeschätzten Großvaters und seine leidenschaftliche Parteinahme für ihn mögen bei dieser Zuwendung zur Mundartdichtung Pate gestanden sein.

In Betrachtungen zum Advent am 28. November gibt sich Bernhard als engagierter Verfechter bäuerlicher Traditionen und der Brauchtumspflege zu erkennen. Diesem Engagement, das ja keineswegs auf der Linie des Blattes gelegen war, Raum gegeben zu haben, mag als Beweis für die Liberalität des Redaktionsklimas beim "DEMOKRATISCHEN VOLKSBLATT" gelten. *In diesen Tagen wird die Welt klein*, eröffnet Thomas Bernhard seine Betrachtungen. *Die Vorweihnachtszeit ist angebrochen, die innerlichste von allen, die Zeit des Nachdenkens und des Zusammenseins von Jung und Alt in den Stuben. Da wird vorgelesen aus alten und neuen Kalenderbüchern und der Tisch wird zum Mittelpunkt des täglichen Lebens.* Und dann kommt die Folklore zu Wort: *In dieser Zeit werden jetzt in Stadt und Land die uralten, ewig jungen Volksbräuche wach. Die Menschen erinnern sich der schönen Tänze und Spiele der Väter* (Anm. d. Verf.: Im Advent verboten!) *und aus den das Jahr über verstaubten Truhen werden die Trachten hervorgeholt und die geschnitzten und reich bemalten Masken ...*

Nun aber folgt Bernhards kulturpolitisches Bekenntnis: *Mehr denn je ist heute das Brauchtum in unserem schönen Lande notwendig. Auch der Städter kann nur bestehen, wenn er neben dem Neuen immer wieder auch das Alte pflegt. Jedes Land hat seine Vergangenheit, seine Lieder und Tänze, Spiele und Trachten und nur aus dem Althergebrachten können wir, oft vom Wege abgekommen, neue wirkliche Impulse schöpfen.* Schließlich ist in diesem Zusammenhang auch von *allen, die guten Willens sind,* die Rede.

Bernhard ist, ob er es will oder nicht, ein österreichischer Heimatdichter, den freilich weniger Liebe oder Innerlichkeit über das Leben in Tirol oder in den Tälern der Steiermark schreiben lassen als Wut und Ekel, wenn nicht gar Haß, konstatierte Marcel Reich-Ranicki 1967 in einer Rezension des Romans "VERSTÖRUNG". *Gerade in Bernhards aggressivem Verhältnis zur heimatlichen Umwelt wird die außergewöhnliche Einseitigkeit offensichtlich, die seine Fragestellung und Betrachtungsweise ebenso bestimmt wie seine Wahl der Motive und Charaktere, der Farben und Töne, der Ausdrucksmittel.*[10] Reich-Ranicki hat wohl nicht geahnt, daß Bernhard tatsächlich und ganz bewußt von der Heimatdichtung her gekommen ist; schon seine ersten Romane lassen das ja nicht mehr vermuten.

Wie weit die Identifikation Thomas Bernhards mit der vermeintlich heilen ländlichen Welt seiner Kindheit geht, ist einer bereits am 27. Juni 1953 in der Beilage des "DEMOKRATISCHEN VOLKSBLATTS" erschienenen Erzählung "DIE ZEITEN ÄNDERN SICH" zu entnehmen. Auch hier beschreibt er eine Fußwanderung nach Henndorf, auf der er Bekannten aus seiner Jugendzeit wiederbegegnet. *Zu Fuß läßt sich* (das Ziel – Anm. d. Verf.) *weitaus besser erreichen als mit einem Fahrzeug, denn erstens liegt das Beglückende im Querfeldein und im Vagabundieren auf einsamen Wegen und Steigen, und zweitens ist es für einen 'Schreibtischkuli', der wöchentlich bis zu 60 Stunden sein körperliches Hauptgewicht aufs Gesäß legen muß, irgendwie heilsam, wenn er einmal marschiert."* Es folgt die Wiedergabe eines Gesprächs, das der Autor mit der ihm etwa gleichaltrigen Erbin eines Bauernhofes führt: *Für Dich ist es gut, daß sich Dein Vater rund 65 Jahre abgerackert hat, jetzt hast Du einen sauberen Besitz, von dem die Leute leben können – ich wär glücklich, wenn ich mir mit 30 Jahren*

Arbeit so ein eigenes Haus auf dem Lande hätte erwerben können!

Wie man weiß, hat sich der Schriftsteller diesen Wunsch später tatsächlich mit dem Erwerb eines alten Bauernhofes in Ohlsdorf erfüllen können – u. a. mit den Mitteln des "Bremer Literaturpreises", wie er mir selbst erzählte, und mit einem Darlehen des österreichischen Unterrichtsministeriums, um dessen zögernd eingemahnte Rückzahlung es heftige Auseinandersetzungen gegeben hat.

Vorerst aber fährt Bernhard in der Beschreibung seiner Wanderung nach Henndorf fort, indem er die Großmutter zu Wort kommen läßt: *Bist Du auch etwas in der Politik?* fragt sie ihn. *Die Leute sagen, daß wir einen Dritten Weltkrieg kriegen – werden denn die Leute wirklich nicht gescheiter? – Nein, die Menschen werden nicht gescheiter, nämlich die Menschen, auf die es im letzten Augenblick ankommt,* lautet die Antwort des Enkels. *Auf uns kleine Leute kommt es ja nicht an. Wir haben nichts zu sagen und ganz am Schluß die Zechen zu bezahlen.* Hier klingt zum ersten Mal die später so ausgeprägte Kritik Bernhards an Staatsmännern und Politikern an, freilich noch auf die große Weltpolitik projiziert. – Schließlich kommt es in der Erzählung zur Begegnung mit einem reich gewordenen Bauern in seinem Auto. Er erinnert ihn daran, wie ihm die Mutter ein Striezel Butter und 30 Eier abgekauft hatte, weil er Pfeifengeld gebraucht und dafür *Vergelts Gott!* gesagt habe. *Und jetzt höre ich, daß in seinen Worten Sarkasmus und eine Kampfansage schwingen,* resümiert der Verfasser, *... daß er ein Mensch ist, der nicht mehr meiner Welt angehört, und es ist nur eine Frage, ob* *meine Welt schon versunken ist und ich wie einer ihrer Geister durch die Gegenwart wandle, in die ich mich kaum mehr hineinfinden kann.*

Der Haß gegen die Heimat, den Reich-Ranicki fast bestürzt schon in einem der frühen Romane Bernhards erkennt, gilt also wohl nicht so sehr dieser Heimat an sich, als vielmehr ihrem Wandel, den der 22jährige erfährt und als einen Verrat empfindet und der ihn jetzt wie einen Geist früherer Zeiten durch eine fremd und feindlich gewordene Gegenwart wandeln läßt. Dieser Haß des reifen Mannes läßt sich als Ergebnis seines Konflikts begreifen, in dessen Verlauf schon der Jüngling der Blut- und Boden-Mystik, der er sich so willig ergeben hat, schmerzhaft entrissen wird. Ich sehe ihn aber auch als Folge eines Prozesses der Emanzipation von der geliebten, verehrten und doch so übermächtigen Gestalt des Großvaters.

Seine Kindheit auf dem Lande hat Bernhard bis in seine letzten Lebensjahre verklärt. *Ich bin als Kind auf dem Lande recht glücklich gewesen,* läßt er Atzbacher in den "ALTEN MEISTERN" sagen. Atzbachers Gesprächspartner Reger sieht seine Kindheit freilich ambivalent, als eine *genau so schöne, wie eine grausame und grauenhafte.* Bei den Großeltern habe er der natürliche Mensch sein dürfen – im Gegensatz zur Schule, wo er der *staatliche* und deshalb unglückliche Mensch gewesen sei. Bei Atzbacher, in dem ja ebenfalls ein gutes Stück Selbstbetrachtung des Autors steckt, vollzieht sich dann die Emanzipation von der Kindheit und vom Landleben deutlich. Er sei zwar als Kind auf dem Land recht glücklich gewesen, aber *glücklicher war ich doch immer wieder in der Stadt, wie ich auch später und jetzt viel glücklicher in der Stadt bin, als auf dem Land.* [11]

Das Entstehen eines solchen Bewußtseins aber hat Thomas Bernhard Ende 1953, als er seine Philippika für Heimat und Brauchtum schrieb und in seinen Gerichtssaalberichten immer wieder die Verderblichkeit des Nerven und Moral zerrüttende Milieus der Stadt anklingen ließ, noch weit entfernt vor sich.

In dem Feuilleton "EINE KLEINE REISE", in dem Bernhard eine Fahrt mit der Roten Elektrischen von Salzburg nach Oberndorf beschreibt, beschwört er die Heilkraft von Landschaft und Natur für den angekränkelten Städter: *Der Blick geht plötzlich wunderbar weit hinaus und endlich werden die Wiesen grün und man sieht: da krankt auch die Welt nicht mehr ...* (26. Juni 1953)

In Bernhards Gerichtssaalberichten war, wie erwähnt, mehrfach der zeitübliche Anti-Amerikanismus der Salzburger der frühen fünfziger Jahre angeklungen, durchaus nicht frei von rassistischen Vorurteilen gegen den farbigen Besatzungssoldaten. In der Beilage des "DEMOKRATISCHEN VOLKSBLATTS" vom 29. Juli 1953 erzählt nun Bernhard ausführlich über die Begegnung mit einem jungen Amerikaner. Der Bericht läßt erkennen, daß der junge Autor, wie wohl die meisten seiner Salzburger Zeitgenossen, bereit war, auch ein ganz anderes Amerika-Bild zu akzeptieren: *Was die Amerikaner besonders auszeichnet: die offene Rede – die es uns Mitteleuropäern in den letzten Dezennien verschlagen hat ... Das sind Leute, die nicht bangen bei einer Wanderung durch die Wahrheit, die alles mit dem ruhigen und aufgeschlossenen Blick eines Menschen sehen, der in einer freien Welt aufgewachsen ist.*

In seinen jetzt immer sporadischer werdenden Beiträgen zum Lokalteil des Blattes wendet sich Bernhard am 5. August 1953 einer recht profanen "Sensation", dem "ARMEN HERRN JONAS", einem auf Wanderschaft geschickten einbalsamierten Finnwal zu, wobei er es nicht an Sarkasmus fehlen läßt: *Im großen und ganzen sieht er – was das Allgemeinbefinden anlangt – uns allen sehr ähnlich. Geht nur noch ab, daß man ihm eine Lohnsteuerkarte in die Flosse drückt ... Es wäre interessant zu wissen, was passieren würde, wenn man nächstes Jahr das größte Schwein der Welt in den Kurpark treiben würde.* Nur am Rande sei vermerkt, daß Bernhard die damals von der offiziellen Rechtschreibung noch streng geforderte *Würdelosigkeit* des *wenn* nicht mehr zur Kenntnis genommen hat.

Leicht ironisch gibt sich der junge Journalist auch gegenüber den Vegetarianern. Der Vortrag *eines Waerlandianers* in der Volkshochschule gibt ihm unter dem Titel "HERR OBER, FRISCHE BLÄTTER, ZWEIMAL ..." Gelegenheit, seinen Spott über sie auszuschütten: *Die Wurzel des Übels ist die Ernährung. Der Magen regiert sozusagen den ganzen Organismus. Man esse alles in Natur – ja kein Schnitzel, nur mehr Vogerlsalat (ohne Essig und mit wenig Öl), alle Krautarten vom Garten, womöglich noch mit Tautropfen in allen Verästelungen, alle Früchte frisch vom Baum, Milch am Morgen, Milch am Mittag, Milch am Abend, und so viel Honig wie möglich. Er geht ins Blut, treibt es an und macht Siebzigjährige zu kräftigen Burschen. Körner dürfen nicht fehlen. Die, die gekommen waren, waren begeistert. Sie kauften sich die Prospekte und rufen am anderen Tag: "Ober, frische Blätter bitte, zweimal!"*

Eine "WÜRSTEL-EPISODE" – erschienen am 17. September 1953 – gibt Bernhard Anlaß, die Beobachtung einer heiteren Begebenheit sozialkritisch zu würzen. Es handelt sich um eine vornehme Dame, die am Würstelstand zwei Speckwürste bestellt und sie dann einem Hund verfüttert.

Zu einer hymnischen Landschaftsschilderung reißt den jungen Berichterstatter die Präsentation eines Bildbandes "UNSER LAND IN ALTEN ANSICHTEN" hin. Da ist zum Beispiel vom Anblick des Ortes St. Leonhard mit *den in die wahrhaft abendländische Weite strebenden Bergen* die Rede. Voll Begeisterung gratuliert er den Herausgebern zu *ihrem guten, nicht wohlfeilen Geschmack*.

Das Bekenntnis zu einer liebevollen, der Phantasie Raum gebenden Kindererziehung wiederholt Bernhard in einem zweispaltigen Lokalbericht über ein in einen Kindergarten umgewandeltes Barackenlager. Einem Gespräch mit der Kindergartenleiterin schließt er die Aufforderung an die Eltern an: *Den Kleinen sollte man doch das Leben so schön wie möglich machen, anfüllen bis obenhin mit Wundern und Träumen* (17. Oktober 1953).

Münden hier noch düstere Kindheitserfahrungen in einen sehnsuchtsvollen Wunsch, empfindet mehr als dreißig Jahre später Reger in den "ALTEN MEISTERN" die Kindheit als ein *finsteres Loch, in das man von den Eltern hinuntergestoßen worden ist,* und er wirft den Leuten vor, zu sagen, *sie haben eine glückliche Kindheit gehabt, während sie doch eine unglückliche gehabt haben, der sie nur unter alleräußerster Anstrengung entkommen sind, ...* um damit ihre *Erzeuger,* die Eltern, zu schonen, *die nicht zu schonen sind.* Die Eltern zu schonen sei doch nichts anderes als eine gesellschaftspolitische Gemeinheit, poltert Reger, um fortzufahren: *Wir schonen die Eltern, anstatt sie anzuklagen lebenslänglich des Verbrechens der Menschenerzeugung ... Ich habe nicht die geringste Rücksicht zu nehmen auf meine Eltern ... Sie haben zwei Verbrechen an mir begangen ..., ... sie haben das Erzeugungsverbrechen an mir begangen und das Unterdrückungsverbrechen.*[12]

Reger sei eine Gestalt der Literatur, sagen die Apologeten Bernhards. Was er sagt, sei nicht unbedingt als die Aussage des Autors aufzufassen. Es kann aber keinen Zweifel geben, daß Regers Elternverachtung und Elternanklage, wie sie der 53jährige Dichter formuliert, und der Wunsch des 22jährigen Journalisten nach einer Kindheit voll Wundern und Träumen die gleiche Wurzel haben.

Die Erstbesteigung des Nanga Parbat konnte Thomas Bernhard in einem von der Volkshochschule im Festspielhaus veranstalteten Lichtbildervortrag von Hermann Buhl und Dr. Frauenberger miterleben, wobei aber auch die zwischen den Teilnehmern der Expedition entstandenen Konflikte fühlbar wurden: *... die Jugend überreichte den beiden Helden Ehrengeschenke ... Die Spannung aber zwischen dem einen, Dr. Herrligkoffer nahestehenden Expeditionsteil und den Leuten um Buhl war merklich spürbar und warf auch an diesem düsteren Vormittag düstere Schatten auf die große Tat* (26. Oktober 1953).

Im November nahm Bernhard an einer vom Salzburger Stadtverein veranstalteten Führung durch die Hofbrauerei Kaltenhausen in Hallein teil. Der Bericht "IM TIEFEN KELLER DES UNTERSBERGS" (der Untersberg ist freilich viele Kilometer vom Ort des tatsächlichen Geschehens entfernt – Anm. des Verf.) entwickelt sich zu einer gewaltigen Attacke gegen die Salzburger Biergewohnheiten, gegen den in der Bevölkerung weitverbreiteten Alkoholismus: *... die Landeshauptstadt, die heute im Zeitalter der allgemeinen 'Verdummung' mehr denn je zu den 'versoffensten' des ganzen österreichischen Landes gehört. Dies nicht nur als Rede, sondern bezeugt und wahrhaft besiegelt von einigen prachtvollen Tempeln des Bieres, Bräustübl, Stieglbräu, Höllbräu ...* Ausführlich schildert er sodann die Zubereitung und Lagerung des Bieres: *Überall wird schwer gearbeitet, von jung und alt, Mann und Frau, nur damit Millionen sich einen kräftigen Rausch ansaufen können, wenn sie möchten, daß sie in Stimmung kommen. Ums Möchten geht es halt immer im Leben ... Genau so wie der Erzbischof Graf Thun ... möchten die Salzburger dieser Ära, zu ihrem Sonntagsbratl, und so zwischendurch, einmal den Mund auf- und die Augen zumachen und den Saft des Lebens durch die Kehle rinnen lassen,* wettert Bernhard in diesem, mit seinem vollen Namen gezeichneten Artikel.

Es hat, wie ich mich erinnere, auf diese bierfeindlichen Auslassungen einen geharnischten Protest der Brauereileitung gegeben, der aber von der ziemlich strengender Alkohol-Abstinenz verschriebenen Redaktion, trotz drohender Hinweise auf einen Insertionsentzug, mit Entrüstung zurückgewiesen wurde.

Bernhards spätere, sich zur Großartigkeit steigernde Aggressivität, ihre übertreibende Einseitigkeit, wird in dieser Brauerei-Reportage vielleicht zum ersten Mal spürbar.

Am 14. November 1953 unternimmt Bernhard einen kleinen Ausflug in die Geschichte. Durch Zitate aus der (christlichsozialen) "SALZBURGER CHRONIK" ruft er Ereignisse in Erinnerung, die sich genau vor 50 Jahren zugetragen hatten. Von einer Kur Kaiser Wilhelms II. in Badgastein ist dabei die Rede, und vom Grassieren von Erkältungskrankheiten. In Genf habe es einen Streik der Maurer um höhere Löhne gegeben. An anderer Stelle des Blattes findet sich ein Aufruf zu Kleiderspenden für Menschen, die in Not geraten sind. Berichtenswert ist der Fang eines Uhus im Lungau ebenso wie das pompöse Begräbnis eines Bäckermeisters in Wagrain. Schließlich meldete das Blatt die Heimkehr Kardinal Katschthalers von einer Rom-Fahrt, verbunden mit einem Angebot der katholischen Vereinsbuchhandlung für ein lebensgroßes Portrait des Papstes Pius X. Der Autor charakterisiert diese Auswahl als *Schmutz und Schund in der guten alten Zeit* und stellt die Frage, ob man denn überhaupt wisse, ob diese gute alte Zeit auch wirklich gut war.

Am 3. Dezember wandert Bernhard wieder einmal in die geliebte Gegend des Wallersees. Das Ergebnis ist ein Feuilleton "SALZBURGER DEZEMBERFRÜHLING": *Rund um den Wallersee blühen die Schlüsselblumen ... Und wenn nicht die Geschäftsleute, um die es immer zu Weihnachten geht, Nikolaus, Krampus, Christkindl und anderes flimmern-*

des Zeug ausbreiten, hätte man den Kindern und Kindeskindern, die sich am Heiligen Abend etwas erwarten, vielleicht doch weismachen können, der Winter sei vorüber, der Frühling gekommen. Was man da an Geld ersparen könnte!" – Die Aversion des Autors gegen die Geschäftsleute, den kommerziellen Weihnachtsrummel, ist auch in dieser Schilderung einer außergewöhnlichen Klima-Erscheinung unüberhörbar.

Auf dem Gebiet der Wirtschaft sieht sich Bernhard am 9. Dezember um. "RUND UM DAS CHRISTKINDL" betitelt sich ein Artikel über den Verlauf des Weihnachtsgeschäfts. Noch gebe es keinen Ansturm, die Wintersportgeschäfte führten besondere Klage. Preisrückgänge seien die Folge. Im Hinblick darauf werden die Konsumenten ermahnt, daß sich ein *Bayerneinkauf* nicht lohne. Schließlich berichtet Bernhard über die Zunahme von Ratengeschäften, und daß die Geschäftswelt nunmehr auf den Rückfluß der Weihnachtsremuneration warte.

Im Jänner hat es dann endlich geschneit, was Bernhard Gelegenheit gibt, heitere Betrachtungen über das Schifahren anzustellen, auf dem Salzburger Hausberg, dem Gaisberg, natürlich. Dabei kommt es auch zu Unfällen und den obligaten *Gipshaxn*. Vor allem aber freut sich der junge Autor über den Schnee: *Frau Holle muß Weihnachtsremuneration bekommen haben, weil sie es gar so stark schneien läßt.*

Der Wintersport bildet auch den Hintergrund eines Feuilletons "BADGASTEIN – AUCH WENN MAN NICHT DIE GICHT HAT". Die Erschließung des Stubnerkogels hatte damals zu einem Aufschwung des Schilaufs in Gastein geführt, von dem auch die Hotels profitierten. Aber auch hier spart Bernhard nicht mit seiner Kritik an den Luxushäusern und ihren Gästen (16. Jänner und 24. Februar 1954).

Den von ihm nicht sehr geschätzten "Oberen Zehntausend" zählt Bernhard wohl auch eine "DAME MIT DEM FEDERHUT" zu, mit deren aufdringlichem Verhalten in einem überfüllten Obus er sich ironisch auseinandersetzt. Die Glosse (3. Februar) ist nicht gezeichnet, trägt aber eindeutig Bernhards Handschrift.

Am 22. Februar bekräftigt der Freumbichler-Enkel noch einmal sein Naheverhältnis zur Brauchtumspflege. Er konstatiert in einem lokalen Zweispalter, daß die "HEIMATPFLEGE IN GUTEN HÄNDEN" sei, und attestiert dem Leiter Kuno Brandauer, daß er seine Dienststelle *keineswegs vom hohen Sattel eines hochbeinigen Amtsschimmels aus* leite, sondern *in steter Fühlung mit den vielen Heimatfreunden*.

Der Winter vergeht, ehe sich Bernhard wieder im Lokalteil zu Worte meldet, mit einem Feuilleton "DAS WUNDER DES BLÜHENS" am 29. Mai 1954, in dem er das Erwachen des Mirabellgartens beschreibt. Interviews mit dem *jungen Gärtner Klicnik* und dem zuständigen Amtsleiter folgt eine geradezu lyrische Verklärung des Gartenbaues: *Ein guter Gärtner muß ein Formgefühl haben wie ein Klavierspieler ein gutes Gehör ... Ein guter Gärtner, ein Gärtner aus Liebe ist Goldes wert in einer Stadt, die aus der Schönheit lebt.*

Wesentlich prosaischer fällt eine Reportage über die Kommandozentrale der Salzburger Feuerwehr aus, die mit dem alarmierenden Titel "111 – BRAND AUF DER FESTUNG" auf sich aufmerksam macht (9. März 1954). Einige Tage vorher schon (5. März) war der junge Journalist wieder einmal am Unterlauf der Salzach unterwegs, diesmal allerdings nur in einem Bericht über einen Lichtbildervortrag, der die Floßschiffahrt auf dem Fluß zum Gegenstand hatte.

Am 9. April ist Bernhard Zeuge eines Vortrags über eine Weltreise, die der bekannte Reisebüro-Inhaber und spätere verdienstvolle Konzertveranstalter Siegfried Hummer unternommen hatte. Er referiert darüber flott, mit deutlich erkennbarem Fernweh unter dem Titel "MIT DER AKTENTASCHE UM DIE WELT". Nun werden die Beiträge Thomas Bernhards im "DEMOKRATISCHEN VOLKSBLATT" selten. Im Verlaufe des ganzen Sommers 1954 erscheint er gänzlich abgemeldet, im Herbst folgen einige wenige kulturelle Beiträge, ehe am 4. Dezember 1954 wieder ein Feuilleton zum Thema "SALZBURGER VORWEIHNACHT" zu lesen ist: *Es weihnachtet. Und das ist schön. Schließlich ist jeder Rentner irgendwie noch Kind geblieben, das gerne in die Auslagen schaut und sich zum Ofen setzt ...*

Auch an einigen aktuellen Bemerkungen fehlt es nicht. Für den sogenannten "Mississippi-Dampfer", ein modernistisches, später wieder entferntes Bauwerk auf dem Hanuschplatz, findet Bernhard sehr positive Worte: *... schließlich muß doch jeder sagen, daß anno 1954 eine elegante Hütte daraus entstanden ist ... Alles aus Glas,* *also wird darin nichts verheimlicht.* Ebenso zustimmend äußert sich der Autor zu einigen anderen, in diesem Jahr fertiggestellten und überaus umstrittenen Bauwerken, wie dem Hotel Europa und dem Kurhaus.

Der letzte, für mich eindeutig identifizierbare lokale Beitrag Thomas Bernhards im Verlaufe seiner ständigen Mitarbeit am "DEMOKRATISCHEN VOLKSBLATT" ist am 20. Dezember 1954 erschienen. Es ist eine lange Liebeserklärung, an die Adventzeit, an Salzburg, für das er später so böse Worte finden sollte. Es lohnt sich, diesen Aufsatz "DIE SCHÖNEN WEIHNACHTSTAGE" auf sich wirken zu lassen:

Das Schöne an den weihnachtlichen Tagen kann man nicht auslöschen. Nie im ganzen Jahr ist Salzburg so salzburgisch, wie zwischen den beiden letzten Sonntagen vor dem Heiligen Abend. Das riecht man sogar überall, wenn man über die Staatsbrücke geht und weiter zum Schatzdurchhaus, braucht man nur den Kragen hochzustellen und die morgenländischen Gerüchte aus Lavendel, Kapuzinerln, Tannenreisig und Königsdatteln auf sich einwirken zu lassen. Mit oder ohne Geld.

Über sein später so gründlich gewandeltes Verhältnis zu Salzburg hat sich Bernhard nicht nur in seinen Werken geäußert. Vielleicht ist es ratsam, für eine Beurteilung nicht Literatur heranzuziehen; oder es ist gut, sie nicht heranziehen zu müssen, weil eine unmittelbar persönliche Äußerung in einem Interview vorliegt. In einem Gespräch mit Jean-Louis de Rambures, veröffentlicht in "LE MONDE" 1983, äußert sich Bernhard über den Einfluß seiner Umgebung, eines Ortes, auf seine

Arbeit: *Wenn ich noch nicht angefangen habe zu schreiben, kann die Schönheit eines Ortes auch bereichernd wirken, sofern sie mich in Wut bringt. Aber für die eigentliche Arbeit ziehe ich x-beliebige, auch rundum häßliche Orte vor. Die Schönheit von Städten wie Rom, Florenz, Taormina oder Salzburg ist für mich tödlich.* Im weiteren Verlauf des Gespräches erinnert de Rambures daran, daß Bernhard in der "URSACHE" Salzburg als *eine tödliche Krankheit* bezeichnet habe, *der die Bewohner bei ihrer Geburt anheimfallen.* Ob das nicht übertrieben sei? Darauf der Schriftsteller: *Je schöner eine Stadt ihrem Anschein nach, desto verblüffender ihr wirkliches Gesicht hinter der Fassade. Gehen Sie in irgendein Restaurant in Salzburg. Auf den ersten Blick haben Sie den Eindruck: lauter brave Leute. Hören Sie Ihren Tischnachbarn aber zu, dann entdecken Sie, daß sie nur von Ausrottung und Gaskammern träumen. Ich werde Ihnen eine herrliche Anekdote erzählen. Kurz nach dem Erscheinen der 'Ursache' nahm mich der Kritiker Jean Améry eines Tages beiseite: 'Du kannst über Salzburg nicht so reden. Du vergißt, es ist eine der schönsten Städte der Welt!' Einige Wochen später, als ich gerade seine Kritik über mein Buch im 'Merkur' gelesen hatte und noch voller Wut war, weil er überhaupt nichts verstanden hatte, hörte ich im Fernsehen eine Meldung: Améry hatte sich am Vortag umgebracht, und ausgerechnet in Salzburg. Das ist kein Zufall.*[13]

Aus dem vorweihnachtlichen Feuilleton Bernhards von 1954 spricht eine tiefe, wenn auch unerfüllte Liebe zu Salzburg. Noch gibt er nicht der Stadt die Schuld an seiner materiellen Beengtheit, an der Unausgefülltheit seiner Hoffnungen, ja selbst seiner bescheidensten

Wünsche. Erst 29 Jahre später glaubt er entdeckt zu haben, daß es die Stadt ist, die die Menschen zerstört. Und er zögert nicht, sich an ihr und ihren Menschen zu rächen.

Während Gerichtssaalberichterstattung und Arbeit für die Lokalredaktion Thomas Bernhard willkommene Möglichkeit boten, sich im journalistischen Handwerk zu üben, neue Lebensbereiche kennenzulernen und sich, vor allem in feuilletonistischen Beiträgen, mehr und mehr an die Formulierung eigener Standpunkte und Meinungen zu wagen, gehörte seine Vorliebe schon in der journalistischen Anfangszeit kulturellen Themen, ja der Kulturkritik. So hat er 1952, 1953 und 1954 eine große Zahl von literarischen Veranstaltungen der Salzburger Volkshochschule, des Amerika-Hauses und einzelner Verlage sowie des Schauspielstudios St. Peter der Akademie Mozarteum besucht, dabei zweifellos viele Anregungen für die eigene Lektüre empfangen und sein Wissen um die zeitgenössische Literatur wesentlich erweitert. Eine ganze Reihe Salzburger Kulturinstitutionen waren damals mit Erfolg bemüht, einem sicher kleinen, aber interessierten, ja geradezu hungrigen Publikum die Weltliteratur der vorangegangenen zwei Jahrzehnte zu vermitteln, von der es in der Zeit des Faschismus und der Naziherrschaft weitgehend abgeschlossen gewesen war. Ein besonderer Nachholbedarf bestand bei englischsprachiger, vor allem der großen amerikanischen Literatur. Thomas Bernhard, damals schon mit ersten literarischen Versuchen, Erzählungen, von denen mehrere auch im "DEMO-

KRATISCHEN VOLKSBLATT" erscheinen sollten, und Lyrik beschäftigt, war besonders begierig, sich auf diesen neu zu entdeckenden Gebieten umzusehen, und hat von ·diesen neuen Erfahrungen und Vergleichsmöglichkeiten profitiert.

Schon vor Aufnahme seiner journalistischen Tätigkeit hatte Bernhard an der Akademie Mozarteum Musik, Gesang und Schauspiel studiert; Studien, die er neben der Tagesarbeit in der Redaktion wenigstens in einem eingeschränkten Umfang fortgesetzt und nachher – mit einigen Abstechern an die Wiener Akademie – auch erfolgreich abgeschlossen hat. Die dabei gewonnenen Kenntnisse und Erfahrungen wußte er mit der Arbeit des Kulturjournalisten zu verbinden und für sie zu nützen. Sehr früh hat er daher den Alltag des Theaters und der Literatur auch aus der Sicht des Berichterstatters und Kritikers kennengelernt.

Die Welt des Grossvaters

Ganz besonders aber war Thomas Bernhard in diesen Journalistenjahren bemüht, die Persönlichkeit und das Werk seines Großvaters Johannes Freumbichler der Vergessenheit zu entreißen und über das "Dᴇᴍᴏᴋʀᴀᴛɪꜱᴄʜᴇ Vᴏʟᴋꜱʙʟᴀᴛᴛ" dem Salzburger Publikum bekannt zu machen, wobei er sich der Unterstützung von Freumbichlers Freunden, die dem "Dᴇᴍᴏᴋʀᴀᴛɪꜱᴄʜᴇɴ Vᴏʟᴋꜱʙʟᴀᴛᴛ" nahestanden, wie Josef Kaut, Georg Eberl und Georg Rendl, sicher sein durfte. So ist bereits Bernhards erster größerer und mit Anfangsbuchstaben gezeichneter Aufsatz, ein am 30. Jänner 1952 veröffentlichtes Feuilleton, Friedrich Friedel, einem vergessenen, seinem Großvater sehr verbundenen Salzburger Dichter gewidmet.

Bernhard beginnt das Feuilleton mit der Charakterisierung Friedrich Friedels, der eigentlich Rudolf Kasparek hieß und als Sohn des Erbauers der dortigen Zellulosefabrik 1883 in Hallein geboren wurde, als *eigenwillige Dichterpersönlichkeit unseres Landes*. Wir erfahren, daß er in der Salzburger Realschule sechs Jahre in einer Bank mit dem *später zu Ruhm gelangten Dichter Johannes Freumbichler* gesessen war. *Eine tiefe Freundschaft verband Friedel mit diesem Dichter bäuerlicher Art, bäuerlichen Lebens und Denkens, und beide begannen, wenn auch in verschiedenen Richtungen, ein erlebnis- und dornenreiches Dichter- und Wanderleben.* Die Gegend Goethes und die Wälder Thüringens hätten den jungen österreichischen Dichter inspiriert, und die ersten kleinen und zarten Verse seien in dieser Umgebung entstanden. Ein starker Schaffensdrang habe sich des schlanken, zarten, und in seinem Äußeren an Rilke gemahnenden Künstlers bemächtigt. *Aber wie die meisten künstlerisch Schaffenden* habe es ihn nicht lange gehalten, und das Schicksal habe ihn über Frankfurt, Freiburg, Basel, Meran, Wien und Salzburg in die Kunstmetropole München geführt, wo er Anschluß an die *junge Dichtergeneration der damaligen Zeit* gefunden habe. In Schwabing habe Friedel vor einem jungen, interessierten Publikum aus eigenen Werken gelesen, und einige der schönsten seiner Lieder seien damals vertont worden. Bernhard verweist sodann auf die ersten Veröffentlichungen Friedels in Monatsheften und Literaturzeitschriften und wendet sich dann seinem Abstieg zu. Die materiellen Zuwendungen der Familie seien nach dem Tod des Vaters ausgeblieben, sodaß Friedel lange Jahre als *Beamter, Zeichner, Straßenkehrer, Transportarbeiter und Rucksacknäher* seine Tage fristen mußte. In dieser Zeit habe er sich den Keim zu seiner Todeskrankheit geholt. Reisen hätten ihn durch alle Gegenden Deutschlands und der Schweiz geführt, er habe in Meran Egger-Lienz, in München den Maler Junghans und in Salzburg seinen Freund Freumbichler besucht, *mit dem er einen regen Briefverkehr unterhielt, der durch eine glückliche Fügung erhalten geblieben ist.*

Über Hunger und Krankheit hinweg erhob ihn der Glaube an die Zukunft, an die Größe und Erhabenheit der Kunst, schreibt Bernhard fortfahrend. 1910 sei im Verlag F. C. Hofer, München, das erste und einzige Buch Friedels erschienen, eine Auswahl von 50 seiner schönsten Lieder. 1917 habe ihn, der in seiner Heimat kaum bekannt geworden sei, eine schwere Lungenkrankheit dahingerafft. Längst vergessen und verfallen sei das einsame Grab auf dem Bergfriedhof Mieders in Tirol.

Mit Wehmut gedenkt man dieses jungen Menschen, der der Nachwelt eigenartige Dichtungen hinterlassen hat, die trotz allen Wirrnissen der vergangenen Zeit, über ein halbes Jahrhundert, ohne an Frische und Farbe verloren zu haben, leben. Diese kraft- und traumvollen Dichtungen haben, so selten dies der Fall ist, und trotz ihrer Verbannung, die Probe auf die Zeit bestanden. Hier sind Gesang, Freude am Leben, Träumen und Erwachen, Liebe und Staunen.

Die Kriege und die Not hätten es mit sich gebracht, daß der Salzburger Lyriker der Vergessenheit anheimgefallen sei. Johannes Freumbichler, der im Jahre 1949 Verstorbene, sei Zeit seines Lebens ein Hüter des Friedel'schen Schatzes gewesen und habe die Absicht gehabt, ihn dem österreichischen Leser bekanntzumachen, was an den Verlagsverhältnissen gescheitert sei. Bernhard schließt mit der Mitteilung, daß ein junger Salzburger Komponist, Rudolf Brändle, mehrere Gedichte des Halleiners *übernommen,* also wohl vertont habe. *Vielleicht wird ein kräftiger 'Pegasus' auf diese interessante Dichtergestalt hinweisen, die in Salzburg beheimatet war.*

Die Sympathie Thomas Bernhards für Friedel ist unverkennbar. Sie galt dem Freund des Großvaters, wohl aber auch einer Persönlichkeit, mit der er sich zu dieser Zeit wohl ein wenig identifiziert hat. Zwar ist es ihm mit seinem Aufsatz nicht gelungen, Friedel der Vergessenheit zu entreißen. Vielleicht aber nimmt sich jetzt die Salzburger Literaturwissenschaft seiner an, und sei es auch, Parallelen zu entdecken und Einflüssen auf den jungen Bernhard nachzuspüren.

Einen ersten, überaus interessanten und vielversprechenden Ansatz hierfür bietet der von Caroline Markolin edierte Briefverkehr Kasparek-Friedels mit Freumbichler. Die unter dem Titel "DIE GROßVÄTER SIND DIE LEHRER" (ein Zitat Thomas Bernhards) erschienene Publikation, die auf dem im Salzburger Literaturarchiv aufbewahrten schriftlichen Nachlaß Freumbichlers basiert, gibt darüber hinaus wichtigen Aufschluß über die Beziehung Kaspareks zu Bernhards Großvater, die in der Jugend gewiß mehr als freundschaftlich war und lebenslang währen sollte. Aus den Briefen geht hervor, daß Freumbichler viel mehr, als Bernhard dies in dem Feuilleton vom Jänner 1952 dargestellt hat, der Nehmende in dieser Beziehung gewesen ist. Kasparek hat den Freund immer wieder in seelischen Krisen zu ermutigen versucht: *Mein göttlicher Freund und Bruder, wenn mein Herz noch aushält, wenn es genügend philosoph. Strom abgibt will auch ich noch was hervorbringen und wär es nur um Deinetwillen damit Dir nicht das Los des Einsamen wird und die Welt zum Ekel werde. Könnte ich Dich fürdem anspornen, hinauftreiben so wär es mein vornehmstes Glück*, schreibt Kasparek im Jahre 1913, nachdem es ihm schon 1902 einmal gelungen war, Freumbichler zur Aufgabe seiner damals gehegten Selbstmordabsichten zu bewegen.[14]

Aus den von Caroline Markolin bearbeiteten Briefen Freumbichlers erfahren wir auch, daß dieser während seiner Realschulzeit der Burschenschaft "Eisener Ring" (CH-Cheruskia) angehört hatte und den Burschennamen "Werinhard" trug. Dort lernte er auch Rudolf Kasparek kennen, der sich "Giselher" nannte, und durch diesen Anna Bernhard, seine langjährige Lebensgefährtin und spätere Frau, die Großmutter von Thomas. Die Frau wurde alsbald feierlich in den Freundschaftsbund des "Eisernen Ringes" aufgenommen und ihr der Name "Dietlinde" verliehen.[15] Aber weniger das in dieser Studentengruppe gepflegte großdeutsche Gedankengut als deren übersteigerte Freiheitsideale und eine dort bekundete Blut- und Boden-Mystik finden sich in vielen späteren Werken Freumbichlers wieder und haben, wie wir in einigen frühen journalistischen Arbeiten Thomas Bernhards sehen können, auch diesen noch recht erheblich beeinflußt.

Kasparek hat sich schon sehr früh bemüht, den Dichtungen seines Freundes zur Veröffentlichung zu verhelfen, aber diese Versuche zur Herstellung von Verlagskontakten sind zeit seines Lebens so gut wie ergebnislos geblieben, wie sich später auch Freumbichler erfolglos bemüht hat, dem Werk seines Freundes posthum Öffentlichkeit und Anerkennung zu schaffen.

Am 21.August findet sich im "Demokratischen Volksblatt" eine eineinhalb Spalten lange, dreispaltige Erzählung Bernhards "Festspiele am Radio", die in sehr humorvoller Weise über einige seiner kulturellen Interessen, aber auch über familiäre Verhältnisse Aufschluß gibt. *Und da ich mich, sei es Einbildung oder nicht, auch zu dieser musikalischen Welt zähle (ich spiele manchmal Klavier, wenn ich allein bin!)"*, habe er – so der Autor – beim Mittagessen den Antrag an die Familie gerichtet, zeitgerecht abends im Radio "Die Liebe der Danae" hören zu dürfen. *Ich glaubte, diese Handlung mit gewandter Diplomatie durchgeführt zu haben, mußte aber eine bittere Einschränkung hinnehmen. Erst etwa nach fünf Minuten, als wir bereits die gefüllten Paprika auf dem flachen Teller zerlegten, entschloß sich der Hals meines Vaters, sich um 90 Grad nach mir zu drehen. 'Was?' meinte sein von der fetten Paprikahüllenfülle glänzender Mund. 'Danae?' ... 'Es ist die einzige Gelegenheit, die 'Liebe der Danae' zu hören', sagte ich dann ...'So ein Blödsinn,' sagte mein Vater – 'das ist etwas Modernes, nicht?' – 'Nicht ganz', meinte ich, 'so ähnlich wie der 'Rosenkavalier'.*

Irgendwie ist dem jungen Mann dann doch erlaubt worden, am Abend in der Küche das Radio aufzudrehen und die Übertragung von Richard Strauß' "Liebe der Danae" zu hören. *Und während sich das Orchester wild aufbäumte, daß man manchmal glaubte, Richard Wagner hätte sich in das Festspielhaus und damit in die 'Danae' verirrt*, habe der Vater mitleidlos den Radi für das Abendbrot geschnitten. *In das Piano der Geigen mischte sich liebevoll das Krächzen unserer Kaffeemaschine und plötzlich kam meine Schwester mit der interessanten Mitteilung: 'I hab' an Mordshunger!'* Dann hätten Mutter, Vater und Schwester den Raum verlassen, berichtet Bernhard weiter. Aber plötzlich sei es still geworden, das Radio sei kaputt gegangen. *Aber da ich, wie gesagt, der musikalischen Welt angehöre, fand ich mich mit den vielen kupfernen Drähten und Kapseln nicht zurecht, fluchte in alle Windrichtungen, verdammte das Radio, meine drei kunstunverständigen Anverwandten, alle Danae und Midias, zuletzt auch noch mich selbst und kroch verbittert ins Bett.*

Am 1. Dezember 1952 referiert Thomas Bernhard zum ersten Mal über eine literarische Lesung, die von dem damals sehr aktiven Salzburger Pfad-Verlag veranstaltet wurde. *Karl Blühm* (ein damals sehr populärer Schauspieler des Landestheaters – Anm. d. Verf.) *begann mit Weinhebers kraftvoller Hymne auf die Mozartstadt und endete mit einem sehr umfangreichen Gedicht Hans Deissingers. Manch schöner und ergreifender, zuchtvoller und einfach glaubwürdiger Satz kam dazwischen ans Licht, und mancher hatte mit Jakob Haringers 'Hellbrunn' seine Freude. Nicht alles kann vollendet sein, erhebt auch gar nicht den Anspruch, mit den 'Sternen zu eifern', wie es in einem Gedichte heißt, aber letzten Endes sind wir, die Salzburger, bei Georg Trakl zuhause,* relativiert der junge Autor seine Eindrücke. Dann habe sich Max Kaindl-Hönig (der spätere langjährige Kulturchef der "SALZBURGER NACHRICHTEN" – Anm. d. Verf.) eingefunden, habe Schmunzeln entlockt, und man sei sich einig gewesen, daß es ihm gelungen sei, *alles sehr korrekt und gekonnt, passend und charmant zu sagen.* Am Schluß läßt Bernhard bereits die spitze Feder des unbarmherzigen Kritikers spüren: *Eine sogenannte Uraufführung stellte ohne Zweifel die erstmalige Vorlesung aus dem noch nicht erschienenen Roman 'Der Hofbaumeister' von Bassoe Heykens dar, die mit viel Geschick, doch wie es schien, auf verlorenem Posten Beatrix Wirth besorgte. Alle Mühe ist in diesem Fall vergebens. Die Süße und Sentimentalität zwischen Samtsesseln, goldbestick-*

ten Vorhängen, auf breiten, schwungvollen Treppen Schönbrunns usw. ist kaum mehr zu ertragen. Eine Reihe Hörer schliefen im Zuge der 'Handlung' friedlich ein.

Bereits tags darauf erzählt Bernhard in einem Beitrag für den Kulturteil über eine, wohl erste Begegnung mit amerikanischer Literatur, die ihm eine Lesung Helene Thimigs im Amerika-Haus vermittelte: *Die amerikanische Dichtung ist jung, aber sie hat uns, den immer noch so sehr Traditionsgebundenen, den in mancher Hinsicht Ausweg suchenden, viel zu sagen. Die letzten Jahrzehnte spielten in ihrer Entwicklung vielleicht die größte Rolle, und heute wissen wir, das sie die erste Etappe überwunden hat und darüber hinaus an sich groß geworden ist,* konstatiert Bernhard unter großzügiger Vernachlässigung der Tatsache, daß die amerikanische Literatur damals eine schon mehr als 150jährige Tradition und mehrere, doch recht bedeutende Entwicklungsphasen aufzuweisen hatte. Aber der Verfasser verschweigt die Subjektivität seiner Sicht, die ja für seine Generation zu dieser Zeit typisch war, gar nicht: *Vor ein paar Jahren war uns die Dichtung des überseeischen Kontinents noch fremd, wir konnten nicht recht 'Fuß fassen'. Doch heute?*

Helene Thimig sei am Sonntag Gast des Amerika-Hauses gewesen und habe die ohne Zweifel sehr verantwortungsvolle Aufgabe übernommen, einer zahlreich erschienenen Zuhörerschaft im Wiener Saal des Mozarteums amerikanische Literatur nahezubringen. *Sie begann mit einem Auszug aus der Rede William Faulkners, die er anläßlich der Nobel-Preisverleihung in Stockholm gehalten hat. 'Ich glaube nicht an das Ende des*

Menschen ... er wird ausharren und siegen ...' Damit ist die Gesinnung des Dichters bereits voll umrissen. Die Tragik unserer Zeit wirft wohl noch Schatten, sie wirkt im Hintergrund, doch: *Es gibt nichts Niedrigeres auf der Welt als Furcht.*

Hier ist die Stärke, der unerschütterliche, geradezu selbstherrliche Optimismus, das Unabwendbare im Leben, dem nun Bernhard eine andere Seite amerikanischer Literatur entgegenhält: ... *Thomas Wolfe, der den Typ der amerikanischen Literatur wie kein zweiter darstellt, Dichter, Gläubiger, Mensch und Fremdling zugleich, ein ewiger Fremdling, vielleicht sogar ein 'Produkt', wenn wir es so sagen dürfen, einer geschlagenen, entwurzelten, aber neu aufgehenden Welt. Der unaufhörlich Anklagende, Suchende, Verbitterte, nach Wahrheit ringende ohne Ausweg. Das von Frau Thimig gelesene Kapitel aus dem Roman 'Schau heimwärts, Engel' traf die Persönlichkeit des Dichters vollkommen.*

Schließlich wendet sich der Rezensent Thornton Wilder zu, der vor allem als Dramatiker bekannt sei. "WIR SIND NOCH EINMAL DAVONGEKOMMEN" sei über eine große Zahl europäischer Bühnen gegangen. *Dichtung? Nicht diese, das absolut 'Amerikanische' ist sein Erfolg,* findet Bernhard und meint, daß der Briefwechsel zwischen der vornehm-modernen Kleopatra und dem Hals über Kopf verliebten Cäsar des *Atomzeitalters* uns den Dichter von einer anderen Seite zeige. *Doch, wie schwer ist es zu erraten, welche von beiden die 'bessere' ist?* – Der Vergleich läßt vermuten, daß Bernhard schon vorher Zeuge einer Aufführung des Wilder-Stücks gewesen ist, das mit seinem bescheidenen Anspruch an die Szenerie in der Nachkriegszeit leicht zu realisieren war, darüber hinaus aber das deutsche Theater zum ersten Mal auf eine fast schockierende Art mit dem Prinzip des *armen Theaters* im Sinne von Peter Brook konfrontiert hat.

Thomas Bernhard schließt seine erste Rezension mit einem Loblied auf Helene Thimig, sie habe eine beachtliche Leistung vollbracht: *Was aber dieses Amerika zum Leben erweckte, war die hohe Kunst der 'Übertragung' und das absolut sichere Feingefühl der Künstlerin.*

Aus Anlaß der Verleihung des Georg Trakl-Preises für Lyrik an Maria Zittrauer nimmt Thomas Bernhard über den Bericht hinaus sehr persönlich zur Lyrikerin Stellung, die ihn damals sehr beschäftigt hat: *Wenn wir ganz ehrlich sind, müssen wir zugeben, daß wir, die Lesenden, für Gedichte nur sehr wenig übrig haben. Wir empfinden es fast als eine Zumutung, solch ein fragwürdiges Gebilde aus Sommer und Winter, Fröhlichkeit und Schwermut vorgesetzt zu bekommen ... Das Gedicht bedeutet für uns (abgesehen von der Langeweile, die es im Gegensatz zum Roman oder dem Theaterstück nicht vertreiben kann) Spielerei der Schreibenden ... Das Gedicht unserer Zeit hat natürlich viele Gesichter,* räumt der Autor ein. *Es tritt in vielen Variationen auf. Es ist wirklich oft nur schön nebeneinandergefügte Druckerschwärze. Das Gedicht muß klingen. Es muß nachklingen. Dichter heißt: Der die Wahrheit sagende. Also muß ein Gedicht vor allem wahr und echt sein.*

Warum lesen wir keine Gedichte?, fragt der Verfasser und gibt auch schon die Antwort: *Wir haben nicht Zeit zur geistigen Verdauung. Darum laufen wir rasch ins Kino,* das für Bernhard zu dieser Zeit offenbar keine Kunst vermittelt. Und dann seine, auch im Titel des Aufsatzes "Lesen wir einmal ein Gedicht!" zum Ausdruck kommende Aufforderung, zu der er sich mit vollem Namen bekennt: *Versuchen wir doch einmal Morgenstern oder den 'Gesang des Abgeschiedenen' von Georg Trakl ... Vielleicht überwinden wir uns einmal. Wir werden sehen, welche Tore sich uns auftun (8. Dezember 1952)!*

Es scheint mir beachtlich, mit welchem Engagement Bernhard in diesem, seinem ersten kulturpolitischen Aufsatz die Forderung an das Publikum nach Beachtung, daß heißt Achtung vor der Lyrik mit der Wahrheitsforderung an die Dichter verbindet. Keine vordergründige Wahrheit ist damit gemeint, sondern eine tiefere, die Freiheit beanspruchende, wie wir aus späteren Äußerungen, etwa Hilde Spiel gegenüber, wissen. Aber da ist auch die formale Forderung, daß Dichtung klingen müsse, der hohe Anspruch an die Ausdruckskraft des Wortes, mit der Thomas Bernhard dann so meisterhaft umzugehen wußte.

Am 15. Dezember 1952 hat der Journalist Gelegenheit, sich mit dem Freund seines Großvaters, seinem Gönner Georg Eberl zu beschäftigen, den gleich ihm Carl Zuckmayer ebenfalls hoch geschätzt und dem dieser, wie berichtet, auf meine Bitte 1971 ein persönliches Vorwort zu seinem Buch "Wie ich Eisenbahner wurde" gewidmet hat. Thema einer Lesung Georg Eberls war damals sein eben erschienener erster Roman "Ich war ein lediges Kind", ein Buch, von dem Bernhard findet, es sei eine *fröhliche Armut, und daß es die Kraft besitze, die*

Menschen zu ergreifen. Schon darum sei das Buch wertvoll und werde seinen Weg machen. Und dann wird da wieder, angeregt durch Eberl, die eigene Kindheit lebendig: *Das Buch ist jedem nahe, dem daraus vorgelesen wird, und es ist kein Wunder, wenn er sich zurückgetragen glaubt in die glücklichste Zeit seines Lebens, an den Ursprung und Anfang, in die ersten Stunden seines kurzen Daseins ...*

Ich erinnere mich heute an manches Gespräch, das ich damals mit Georg Eberl über Thomas Bernhard geführt habe, und wie er sich über den Jungen, über dessen Begabung er sich im Klaren war, Sorgen gemacht hat, ob er auch die Konsequenz und Härte gegen sich selbst aufbringen würde, die nun einmal für den Erfolg eines Schriftstellers notwendig seien. Auch ist ihm, dem Peniblen, der Umgang Bernhards mit der Sprache und der ihr innewohnenden Logik zu locker, zu disziplinlos gewesen. Eberl ist bei dieser Meinung auch geblieben, als Bernhard längst durch hohe Preise zu allgemeiner Anerkennung gelangt war.

Den Lyriker, Herausgeber der in der Nachkriegszeit so überaus verdienstvollen Literaturzeitschrift "DAS SILBERBOOT" und Leiter der Literaturabteilung des Senders "ROT-WEIß-ROT", Dr. Ernst Schönwiese, hat Thomas Bernhard ohne Zweifel in der Redaktion des "DEMOKRATISCHEN VOLKSBLATTS" kennengelernt, dessen regelmäßige Mitarbeiter damals beide gewesen sind. Anläßlich einer Lesung Schönwieses in der Volkshochschule hat Bernhard Gelegenheit, sich auch mit dessen literarischen Schaffen auseinanderzusetzen (19. Jänner

1953). Schönwiese hat gewiß alle Anforderungen erfüllt, die Bernhard an die Lyrik stellte, formale Strenge und klingende Sprache. *Ernst Schönwiese ist ohne Zweifel eine eigenwillige Persönlichkeit*, billigt er dem um so vieles älteren "Kollegen" zu. *Seine Stärke ist es vor allem, Gedichte, Verse zu schreiben, die sich durch ihren Klang, durch Formstrenge im geweiteten Sinne und eine ungewohnte Melodik auszeichnen, die aufhorchen läßt, und die sich manchmal innerhalb der Grenzgebiete des Möglichen und Wahrscheinlichen, des Außerordentlichen und Zerklüfteten bewegt. Eine bedeutende Beherrschung des Wortes und der Form sind Vorzüge. Daß der überwiegende Teil von Schönwieses Gedichten dem reinen und scharfen Intellekt entspringt, läßt sie nichts von ihrer Wirkung einbüßen ...* Weniger scheint Thomas Bernhard Ernst Schönwiese als Epiker schätzen gelernt zu haben. Eine *längere Erzählung mit dem Tessin als Hintergrund* beurteilt er als eine *amüsante Geschichte, vielleicht sogar als Plauderei*, aber insgesamt dann doch als *etwas zu literarisch*. Die Gedichte, *von denen manche noch mehr hätten hören wollen, blieben Mittelpunkt und Höhepunkt des Abends*, befindet der Rezensent, dem Intellektualität in der Dichtung denn doch nicht ganz geheuer schien.

Anläßlich der Rezension einer Aufführung von Christopher Frys "EIN PHÖNIX ZU VIEL" im Schauspielstudio des Mozarteums findet Thomas Bernhard Anlaß, sich über das konkrete Thema hinaus auch grundsätzlich zur Dramatik zu äußern. Er beginnt mit dem Hinweis, daß der damals noch nicht vierzigjährige Autor geradewegs *aus der Schule William Shakespeares* komme, *so sagen es zumindestens seine Anhänger.* Sodann bezieht er sich auf ein Zitat Frys, auf das ein Dr. Rosenthal in seinen einführenden Worten verwiesen hatte: Theater und Dichtung seien überflüssig, wenn sie – in Gemeinsamkeit versteht sich – nur als Dekoration dienten. Dekoration aber seien sie, wenn sie *nicht der Form, sondern nur der Substanz das nötige Gewicht verleihen.* Dies finde, so kritisiert Bernhard, heute allgemein nicht die nötige Beachtung, *wobei natürlich eine gewisse Ausgeglichenheit zwischen beiden Begriffen zu bevorzugen wäre.*

Dem englischen Dramatiker attestiert Bernhard *Verstand, ein unbedingt notwendiges Mittel, gerade recht dosiert, eingefügt in eine kaum bemerkbare und doch recht atemberaubende Handlung ...* Dem Verstand wird hier – in einem limitierten Maß verwendet – bestenfalls eine dramaturgische Funktion zugewiesen.

Erst fünfzehn Jahre später, in dem Roman "VERSTÖRUNG", avanciert er zur einzig möglichen Waffe gegen die Verzweiflung. *Sich von Gefühlen überschatten lassen, gegen die normale ununterbrochene Verfinsterung des Gemüts nichts zu tun, bringe den Menschen in die Verzweiflung,* bekennt der Sohn des Arztes gegenüber dem Vater. *Wo der Verstand herrsche, sei die Verzweiflung unmöglich, sagte ich.* Die Mobilisierung des Verstandes aber sei eine Sache der Beherrschung. *Sich zu beherrschen sei das Vergnügen, sich vom Gehirn aus zu einem Mechanismus zu machen, dem man befehlen kann und der gehorcht ... Das Leben sei immer anstrengend, solange man nicht aus ihm hinausgehe, und es verstandesmäßig aushalten sei das Vergnügen. Die meisten Menschen seien Gefühlsmenschen, keine Verstandesmenschen, also gingen die meisten in Verzweiflung auf, nicht im Verstand.* [16]

Im Drama aber, so findet Bernhard in der Auseinandersetzung mit Christopher Fry, muß der Verzweiflung wohl Raum gelassen werden – durch begrenzten Verstandeseinsatz des Autors: *Wenn zwei Frauen an der Seite eines mysteriösen Mannes unbedingt sterben wollen, an und für sich eine seltsame Geschichte, und wenn die beiden um den Tod betteln wie um ein Stück trockenes Brot, so liegt darin Komödie, wie es sich unsere deutschschreibenden Bühnendichter nicht einmal vorstellen können.* Das sei eben der Engländer, besonders typisch in diesem einen Akt gepflegter Konversation, Geist, Ironie und einem Schuß Ausgefallenheit und überragender Phantasie. *Nichts als ein Gespräch, könnte man sagen, mehr als eine Plauderei, Stimmung, wie in Shakespeares Hamlet,* schwärmt der junge Rezensent. Anstrengende Mobilisierung des Verstands, der der Emotionalität im Spiel bewußten Raum zur Wirkung läßt (23. Jänner 1953).

Unbeschwert von rationalen Überlegungen, zu denen ihn Christopher Fry motivierte, läßt sich Thomas Bernhard von Charles Morgans Stück "DER BLITZENDE STROM" – dargeboten im Lesestudio der Salzburger Volkshochschule – am 7. Februar 1953 zu uneingeschränkter Begeisterung bewegen. Es handle sich um das Stück *eines der besten und wirklich bedeutendsten englischen Dramatiker, das die Kraft und die Güte hat, Englands Dramatik des vorgerückten Jahrhunderts zu repräsentieren...* Aber er hat noch weitere Steigerungen des Lobes bereit: *Das Schauspiel – als solches hatte man dieses einmalige*

Gebilde von Fabulierkunst, Redegewandtheit und geballten, farbensatten Bilder angekündigt – bietet Menschen, wirklichen Menschen der Jetztzeit, Gelegenheit, sich, uns allen eigentlich, vorzustellen, nicht als erfundene Gestalten, als dichterische Wesen voll Gleichmut und Barmherzigkeit, als Instrumente einer betont leidenschaftlichen Feder, nein, als wahrhaftes Du und Ich. Und wer das Du und Ich zu gestalten vermag, jenes wunderbare Auf und Ab des Lebens, die Spannungen zueinander, dem geschieht nicht nur Anerkennung, sondern in einem höheren Sinne Achtung.

Das Thema der Liebe, des Entsagenmüssens und der Einsamkeit als Voraussetzungen des Selbstwerdens und der eigenen schöpferischen Entwicklung, das Morgan, der ja auch viele Jahre Theaterkritiker der "TIMES" gewesen war, in dem Schauspiel "THE FLASHING STREAM" erörtert, scheint Bernhard besonders angesprochen zu haben.

Am 14. Februar 1952 stellt der Chefredakteur des Blattes, Josef Kaut, das Bändchen "ROSMARIN UND NELKEN – SCHÄTZE AUS DEM NACHLASS JOHANNES FREUMBICHLERS" in einem Feuilleton vor. Er erwähnt die letzte Arbeit des Dichters, die sich "EZVUF" nennt – Erziehung zur Vernunft und Fröhlichkeit. Es seien frische Verse, und der Autor selbst habe sie "BRIEFE AN DIE JUGEND IM ALTER VON SECHZEHN BIS SECHZIG JAHREN" genannt. Sie seien ein wahres Kompendium an Lebensweisheit und Humor. Das Buch sei Thomas Bernhard gewidmet, dem Enkel Freumbichlers, *der selbst schon als Dichter hervorgetreten ist*, und es richte sich damit an die Jugend überhaupt. Abschließend wiederholt Josef Kaut die schon von Bernhard erhobene Klage, daß mit Freumbichlers Arbeiten ein reiches Werk brach liege, dessen sich mutige Verleger annehmen müßten. Es folgt der Hinweis, daß erst Carl Zuckmayer Freumbichlers Roman "PHILOMENA ELLENHUB" zur Veröffentlichung bei Zsolnay verholfen hatte.

Am 16. Februar beschäftigt Bernhard wieder anläßlich einer Lesung in der Volkshochschule der Mundartdichter Theodor Renzl, der *schöne Proben seines lyrischen Schaffens* abgelegt habe. In seinen Gedichten spiegle sich vor allem die Innviertler Landschaft wider, Wesen und Denken ihrer Menschen, *hartes, bäuerliches Leben*.

Am 24. Februar nützt der Berichterstatter des "DEMOKRATISCHEN VOLKSBLATTS" die Chance, seinen Freund, den gleichfalls als Journalisten, aber bei der Austria Presse Agentur beschäftigten Erwin Gimmelsberger vorzustellen. Bei einer Lesung in der Volkshochschule habe sich dessen Stärke erwiesen, kurze, beschaulich-besinnliche Erzählungen zu schreiben. Er würdigt Gimmelsbergers Hingabe an die Natur, zu ihren letzten Geheimnissen, zum Wesentlichen des Daseins überhaupt, *die sich in erfreulicher Weise in den ruhig dahinfließenden Arbeiten widerspiegeln*. Gimmelsberger ist später als Gründer der Rauriser Literaturtage hervorgetreten, an denen auch Bernhard einmal teilgenommen und bei denen er, seine Aversion gegen solche Veranstaltungen dem Freunde zuliebe überwindend, sogar gelesen hat.

Am 25. Februar 1953 wird Thomas Bernhard Zeuge einer, ebenfalls im Rahmen der Volkshochschule veranstalteten Lesung Heinz Moogs aus Ernest Hemingways damals überaus populärem Roman "WEM DIE STUNDE SCHLÄGT", wobei er sich mit ausgesprochener Abfälligkeit über eine der bewegendsten Liebesszenen der damaligen zeitgenössischen Literatur äußert. *'Wem die Stunde schlägt', ist Hemingways bekanntestes Werk*, befindet der Kritiker. *Aber es steht in dessen Vorwort nirgends, daß sich bekannte Schauspieler, sollten sie einmal auf den Gedanken kommen, daraus einem begierigen Publikum vorzulesen, just das unbedeutendste, 'fleischigste' und undichterischeste Kapitel zu diesem lobenswerten Zweck auszuwählen. Die kaum heißblütige Liebesszene zwischen dem schönen Mädchen Maria und dem kraftstrotzenden jungen Mann aus dem westlichen Kontinent, heuschoberhaft anmutend, erreichte dann auch nicht die erhoffte Wirkung.* Schon wenige Tage später stößt sich der Rezensent der Uraufführung im Studio St. Peter eines sich als recht kurzlebig erweisenden Stückes mit dem Titel "GESTATTEN SIE, ICH BIN DIE LIEBE" daran, daß in diesem Lustspiel die *Liebe in fleischlicher Erscheinung* geschildert worden sei. Auf das durch *monumentale Geschehnisse überladene Publikum* habe es jedoch einen unbestreitbaren Reiz ausgeübt.

Schon hier wird körperliche Liebe als widerwärtig und abstoßend empfunden, bis die Aversion dann im "FROST" geradezu brutal in Erscheinung tritt: *Das Geschlechtliche ist es, das alle umbringt. Das Geschlechtliche, die Krankheit, die von Natur aus abtötet. Früher oder später ruiniert es selbst tiefste Innigkeit … bewirkt die Umwandlung von dem einen ins andere, von Gut in Böse*, läßt Bernhard den Maler, den Helden seines Romans sagen. *Die Arbeiter, wie sie hier herumlaufen, sagte er, leben allein vom*

Geschlechtlichen, wie die meisten Menschen, wie alle Menschen ... leben einen fortwährenden bis an ihr Ende hinausgezogenen wilden Prozeß gegen Scham und Zeit und umgekehrt: der Ruin. [17]

Einen wichtigen Anstoß zum Diskurs über Traditionalismus und Eklektizismus erhält Bernhard bei einer Begegnung mit Rudolf Bayr, dessen Übersetzungen griechischer Tragödien damals im Burgtheater große Erfolge feierten. *Die Lesung begann mit einem kurzen Bild, einem Abriß sozusagen, aus dem Schauspiel 'Sappho und Alkaiis', in dem das unleugbar 'Klassische' in der Wortführung, das Gestraffte des Aufbaues der Werke Bayrs und die manchmal starke intellektuelle Schraffierung besonders zum Ausdruck kamen,* eröffnet er seinen Bericht über ein Gastspiel Bayrs im Lesestudio der Volkshochschule. *Wir erklimmen mit dem Dichter die Höhen und die zuchtvollen Strophen des Bauwerks der Handlung und sind eingefangen in das Prägnante, manchmal schier unsagbare Kalte der Handlung ...*

Hier setzt nun die vorsichtige Kritik Bernhards ein, denn die Herausforderung, die er durch diesen Autor empfindet, läßt ihn den ihm an Bildung und Belesenheit unendlich überlegenen Polyhistor Rudolf Bayr nicht vergessen: *... Zu diesen hier vorgetragenen Stücken, die, sosehr auch verschieden, doch in der Gesamtheit etwas Gemeinsames haben, das Monumentale der Sprache, geschöpft aus dem unendlichen Reichtum der großen Vorbilder...wäre zu sagen: daß das in der Tradition Verwurzelte, das Festgebundene, obwohl immer neu Reifende, zugleich auch eine große, nicht zu unterschätzende Gefahr für den Autor, im* *übertragenen Sinne, für die gesamte Entwicklung in sich trägt* (11. März 1953).

Ganz im Gegensatz zu dem intellektuellen Linguisten Rudolf Bayr fühlt sich Thomas Bernhard in dieser Zeit zu der Lyrikerin Maria Zittrauer ohne Einschränkung hingezogen. Hat er eine Lesung anläßlich der Verleihung des Trakl-Preises an Frau Zittrauer zu einem Exkurs über die Lyrik im allgemeinen genützt, so findet er nun eine neuerliche Lesung, die die Preisträgerin mit Gerhard Amanshauser zusammenführte, als Anlaß zu einer gradezu hymnischen Würdigung. *... die junge Gasteiner Dichterin ... die ohne Zweifel zu den stärksten lyrischen Begabungen zu rechnen ist"*, habe einige Proben aus ihrem Schaffen gegeben, *das vor allem aus der unvergleichlichen Musik ihrer und unserer Landschaft schöpft, jener Landschaft des Salzburgischen, in der sich der Norden und der Süden zu einem einmaligen Schauspiel vermählen, in der die gewitterhafte Stimmung zauberhafte Höhepunkte erreicht, jenes Landes, das berufen erscheint, die frohe Armut in hohem Ausmaß zu verkörpern.* Maria Zittrauers Gedichte seien aus dieser frohen Armut heraus entstanden und darum ergreifend, würden mit jedem Wort, wüchsen und wölbten sich über uns, die wir erstarrt seien über so viel Gleichmaß des Wort, über so viel Melodie und Klang, der, dem Gang des Lebens untergeordnet, gleich den Quellen des Landes dahinrausche. Der Ablauf des Naturgeschehens spiegle sich in liedhaften Versen, in den Strophen der Vergänglichkeit und der Trauer, in den Strophen des Geborenwerdens, des Liebens und der Einsamkeit. Die Natur werde zum einziggültigen Symbol – das Licht zum einzig und allein gültigen Ziel des Wanderns, das begonnen worden sei, um zum Triumph geführt zu werden. Die Dichtungen Maria Zittrauers erscheinen Bernhard abschließend in einem *eigenartigen Glanz*, nicht der Mittel, sondern des großen einfachen Ausdrucks, *der nur einer Frau gegeben sein kann.*

In seinem begeisterten Überschwang fließt Bernhard wieder einmal der Begriff der *fröhlichen Armut* in die Feder, den er schon im Zusammenhang mit Großvater Freumbichler oder Georg Eberl verwendet und den er wohl von dem Apologeten der heilen ländlichen Welt, dem ehemaligen Leiter der Außenstelle Salzburg der Reichsschriftstumskammer, Karl Heinrich Waggerl, entliehen hat.

Der Thomas Bernhard etwa gleichaltrige Salzburger Schriftsteller Gerhard Amanshauser, der vor Maria Zittrauer lesen durfte, bekommt hingegen den Verweis, daß es nicht genüge, Stimmungen einzufangen – *man muß ihrer auch Herr werden!* Was bei Trakl wunderbar sei, sei bei Amanshauser noch unreif, wirke unbeholfen, man wisse noch nicht, woher und wohin. Freilich scheint sich Bernhard bei der überschwenglichen Hingabe an Maria Zittrauers Lyrik seines eigenen Woher mehr als seines Wohin bewußt gewesen zu sein (26. März 1953).

Das Los des Künstlers

Aufschlußreiche Bekenntnisse entlocken dem gelegentlich als Filmkritiker tätigen Thomas Bernhard zwei, wieder im Rahmen der Volkshochschule gezeigte französische Künstlerfilme, der eine Van Gogh, der andere Toulouse-Lautrec gewidmet. Es sind für ihn *zwei verschiedene, wahrhafte Künstlernaturen, die doch eines gemeinsam haben: das Erschütternde ihrer Zeit! Henri Toulouse-Lautrec erschütternd deshalb, weil ihn das Leben und er das Lebendige verachtet hat.* Ein ähnliches Phänomen sollte Marcel Reich-Ranicki auch an Thomas Bernhard selbst entdecken. Vor allem aber erscheint Bernhard der Toulouse-Lautrec des Films als der *Meister der kannibalisch-verwerflichen Großstadt.* Mit dem Frauenbild Toulouse-Lautrecs, wie er es auf der Leinwand subjektiv empfindet, hat er sich wohl identifiziert: *... im Vordergrund: das Weib, hyänenhaft, kaltblütig, erschreckend – wie großartig – als Zweckbau der Schöpfung.* Wenn Toulouse-Lautrec Männer malt, entdeckt Bernhard eine *voluminöse, trägfleischige, kaum hintergründige Gestaltung".* Aber dann ergreift er doch für den verkrüppelten Künstler Partei: *Man sagt Toulouse-Lautrec sei 'kalt'. Aber, das ist ja das verderbliche Übel, daß alle die Wahrheit als Kälte empfinden!*

Anders erscheint dem Filmkritiker der Van Gogh des Films, *der zeitlebens mißbrauchte, vor allem zum 'Gottsucher' gemachte Bildner der flämischen und provenzalischen Landschaft.* Nicht zufällig könne man das Wesen des bedeutenden Künstlers mit *jenen Fliegen vergleichen, die in der Lampe gefangen sind, summen und endlich verderben.* Das Los des wahren Künstlers sei immer dasselbe: *Er muß schaffen, schaffen und leiden. Und nur das kann der*

Preis für den brennenden Lorbeer sein...Je mehr er dem Wahn verfällt, desto ergreifender werden seine Darstellungen... Die Grenze ist erreicht, was dann folgt, ist nur mehr der Wahn (11. April 1953). Hier hat sich Bernhard Van Gogh auch persönlich nahe gefühlt, die Leidenschaftlichkeit des Bekenntnisses zur Notwendigkeit des Leidens des Künstlers gilt ihm selbst. Der Ich-Erzähler in "WITTGENSTEINS NEFFE" fühlt sich sehr *oft an den Rand der Verrücktheit, ja des Wahnsinns*[18] getrieben. Schon das Gymnasium, die *Lern- und Studierzeit, ist für ihn vornehmlich eine Selbstmordgedankenzeit; wer das leugnet, hat alles vergessen*[19], erklärt er in seinem Roman "DIE URSACHE". Es gibt dafür auch ein unmittelbares Selbstzeugnis Bernhards. In jenem Interview, das er Jean-Louis de Rambures 1983 für "LE MONDE" gegeben hat, bekennt er, bei jedem seiner Bücher zwischen *Leidenschaft und Haß hin und hergerissen* zu sein. *Manchmal sage ich mir, meine Unstabilität ist ein Erbteil meiner Vorfahren, die sehr verschiedenartig waren: es gab darunter Bauern, Philosophen, Arbeiter, Schriftsteller, Genies und Wahnsinnige, mittelmäßige Kleinbürger und sogar Kriminelle. Alle diese Menschen existieren in mir und hören nicht auf sich zu bekämpfen. Mal habe ich Lust, mich unter den Schutz eines Gänsehirten, mal des Diebes oder Mörders zu stellen. Da man wählen muß und jede Wahl eine Ausschließung bedeutet, treibt mich dieser Reigen schließlich bis kurz vor den Wahnsinn. Daß ich mich beim morgendlichen Rasieren vor dem Spiegel noch nicht umgebracht habe, ist einzig und allein meine Feigheit ... Zumindest empfinde ich das heute so. Denn es kann gut sein, daß ich morgen ganz anders denke.*[20]

Marcel Reich-Ranicki glaubt in Bernhards *Selbsthaß, zusammen mit seiner fortwährenden Angst vor einer schweren psychischen Erkrankung den Untergrund seines monologischen Werks*[21] zu erkennen. Aber er habe einen Trost gekannt, eine Möglichkeit, seine lebenslängliche Krise wenigstens zeitweise zu überwinden und die tödliche Krankheit zu überlisten: *Glücklich war er nur, wenn er schrieb.*[22]

In einer Rezension Bernhards über eine Schauspielaufführung von Clifford Odes Stück "EIN MÄDCHEN VOM LANDE" (30. März 1953) findet sich die skurrile, seine damalige Einstellung zur Stadt charakterisierende Wortschöpfung einer *wolkenzerkratzten Großstadt,* in die ein Mädchen vom Lande gekommen sei. Das Stück zeige für europäische Begriffe eine *leichtwellige Oberfläche* und sei – *mit Einschränkung – zu dünn.* Kritische Distanz sucht der Verfasser einer Rezension mit dem Titel "DAS NENNT MAN GEWERBLICHE DICHTUNG" auch zu den Autoren einer anderen Lesung. Elisabeth Effenberger, damals Kulturmitarbeiterin der "SALZBURGER NACHRICHTEN", habe *betont frauliche, unselbständige Lyrik* geboten, *entstanden aus nicht greifbaren Motiven und jedes wesentlich tieferen Empfindens entbehrend. Das Frauliche, ja – aber blutvoll!* lautet der kategorische Imperativ des Verfassers. Und weiter empfiehlt er: *Und noch etwas: Selbstkritik, nichts als Selbstkritik! Das ist gut!*

Nicht weniger gnadenlos geht Bernhard mit Josef Lassl um, einem anderen Journalisten-Kollegen, damals Kulturredakteur des "SALZBURGER VOLKSBLATTS". Lassl sei vornehmlich Journalist, *das merkt man am Aufbau und mehr in der Sprache, die zweckmäßig angeordnet erscheint.* Aber dann wird Bernhards Feder zum Hammer: *Alles 'Heulende' schweige! Doch wer es nicht lassen kann, schreibe und schreibe ... Die Gedichte des Dr.phil., intellektuell bis in die Knochen, erscheinen in einem qualvollen Licht. Nicht Dichtung – das ertrüge er nicht! – Korrektes im schrägen, verbildeten Anblick der Zeit!* (18. April 1953).

Aber nicht nur zum ätzenden Kritiker Salzburger Zeitgenossen fühlt sich der junge Dichter berufen, auch der Erzählung "EIN ZUG FÄHRT AB" William Saroyans, die er in einer Lesung der Volkshochschule hört, glaubt er entnehmen zu können, daß sie *zu hastig* sei, *zu hastig gedacht und geschrieben* (29. April 1953).

Worin sich nach seiner Auffassung der Dichter vom Schriftsteller unterscheidet, demonstriert Bernhard an Thomas Wolfe anläßlich eines Vortrags von Dr. Wolfgang Schneditz über den amerikanischen Autor im Amerika-Haus (30. April 1953). *Mit der Bezeichnung amerikanischer Autoren als Dichter muß man vorsichtig sein. Man läßt sich allzu leicht auf einen Irrweg führen. Dichter sein ist eben mehr. Aber auch ein ausgezeichneter Schriftsteller kann uns viel sagen. Wolfe ist wirklich der einzige Dichter.*

Gegenüber der Lyrikerin Ilse Ringler-Kellner erweist sich Bernhard viel eher bereit, ihr das Prädikat einer Dichterin zuzugestehen, das kleine Referat trägt den Titel "DICHTERIN AUS BÖHMEN": *Das Bescheidene ist uns angenehm ... Die Frauenlyrik vermag das Große des Lebens zu denken und besonderes 'Die junge Mutter' ist hier zu nennen ...*

Die Tätigkeit des Kulturberichterstatters vermittelt Thomas Bernhard in diesem Frühjahr 1953 sehr vielseitige Begegnungen, die seinen persönlichen Neigungen offensichtlich entgegenkommen. Am 21. April berichtet er über ein Gastspiel des Helsingforser Kammerchors, tags darauf über einen Lichtbildervortrag Ruth Körners, "GROSSES LEBENDIGES KANADA". Am 19. Mai beschäftigt ihn eine Ausstellung mit dem Titel "DIE STIMME ÖSTERREICHS" im Amerika-Haus, am 27. Mai referiert er über szenische Darstellungen unter dem Titel "VON GOETHE BIS HAUPTMANN" im Studio St. Peter. Am 29. Mai sieht er Harald Kreutzberg bei einem Tanzabend, offenbar mit gemischten Gefühlen: ... *Manchmal ist man versucht, das Feminine zurückzudrängen, die Masken zu dämpfen* ...

Bei einem Filmabend der Volkshochschule am 2. Juni 1953 hat Bernhard Gelegenheit, einige französische Maler kennenzulernen. Seine Eindrücke von den Filmen sind recht subjektiv: *Watteaus Bilder vermitteln dem Betrachter weit entfernte, beinahe 'gepuderte' Eindrücke seiner Pariser Zeit, die mit ungeahnter Sicherheit dem nahenden Untergang ihrer extravaganten Gesellschaft entgegenging* ... Der Zöllner Rousseau hingegen hat für den Kritiker *etwas Verstocktes an sich*. In Manet wiederum entdeckt er einen *photographischen Maler, der allen Ehrgeiz daran setzte, alles so zu arbeiten, daß es dem Photo gleicht*. Es wäre Bernhard, der später so große Affinität zur Malerei entwickelte, wie zum Beispiel in seinem Roman "ALTE MEISTER", zu wünschen gewesen, Manet bei der Betrachtung von Originalen in der ganzen, zu einem eigenen Formwert entwickelten Leuchtkraft seiner Farben kennenzulernen und sein Urteil über ihn zu revidieren.

Zur Auseinandersetzung mit der damals im Schwange befindlichen konservativen Kulturkritik fühlt sich Thomas Bernhard am 18. Juni 1953 durch einen Vortrag des Kunsthistorikers Dr. Ernst Köller herausgefordert. Der Vortrag sei eine "OPERATION AN DER MODERNE" gewesen, konstatiert der Verfasser bereits im Titel des Berichts, um sodann den Vortragenden zu zitieren: Am Körper der Moderne nage eine schwere Krankheit, deren Symptome Primitivität, technische Bedenklichkeit, kompositionelle Unzulänglichkeit, Bruch mit der Tradition, antirationaler Charakter, gewollte Unverständlichkeit, Gesellschaftsfeindlichkeit, Lebensfeindlichkeit und Todessüchtigkeit seien. Bernhard empört sich nun darüber, daß man der modernen Kunst an diesem Abend von vornherein das Wort abgeschnitten habe, und findet dann: *Zur Lebensfeindlichkeit und Todessüchtigkeit könnte man vieles sagen. Vor allem, daß sie beide nicht schaden. Durch sie kommen wir zum Leben. Daß es sich um eine Beleidigung des Menschlichen sowie des Göttlichen handeln sollte, wäre zu diskutieren. Wir wissen nicht, woher die Dinge kommen, aber von Gott kommt auch der Tod.* Hier klingt zum ersten Mal ein Motiv, eine philosophische Einsicht an, denen man in Bernhards Werk noch oft begegnen wird.

Es ist beruhigend, dem alten Band des "DEMOKRATISCHEN VOLKSBLATTS" entnehmen zu können, daß die Äußerungen des Kunsthistorikers Köller auch im Salzburg der fünfziger Jahre nicht unwidersprochen geblieben sind und daß seine Verketzerung der Moderne eine lebhafte Diskussion ausgelöst hat. So berichtet Thomas Bernhard am 22. Juni über eine Zusammenkunft der Salzburger Künstler mit Dr. Köller, bei der sie *auf Aufforderung des Kunsthistorikers ihre Arbeiten erläuterten.* Kontroversen hätten dem Abend den besonderen Reiz verliehen. *Daß es unter den anwesenden Künstlern auch solche gab, die über ihre eigenen Werke wenig oder überhaupt nichts sagen konnten, ist zu bedauern. Es ist ja nun doch so, daß ein echtes Kunstwerk auch aus einem echten Beweggrund entstehen muß.* Hier ist der junge Berichterstatter, über dessen herzerfrischende Parteinahme wir uns freuen dürfen, wohl einem prinzipiellen Irrtum erlegen. Weder kann es Sache des Künstlers sein, die Beweggründe seines Schaffens gegenüber einem anmaßenden Interpreten zu rechtfertigen, noch bedarf das Kunstwerk des Nachweises seiner Motivation, um als solches zu gelten. Gerade dieser Grundsatz hat später in Bernhard gegenüber allen Attacken auf sein Werk einen ebenso wortgewaltigen wie überzeugenden Verteidiger gefunden.

Am 25. Juni wendet sich Thomas Bernhard dem Musiktheater zu und findet Anlaß, sich über eine Premiere von Mozarts "Zauberflöte" im Marionettentheater zu begeistern: *Geradezu international und festspielhaft war das Publikum. ...Es war eine prachtvolle Aufführung. Ein volkstümliches Zauberspiel wird aus der großen Spieloper und die vorgenommenen Striche verdichten das Werk und machen es zu einem Hochgenuß erlesenster Gat-*

tung, wobei das Hauptaugenmerk auf das rein darstellerische Gebiet gelenkt werden muß, das manchmal Höhepunkte ungeahnten Glanzes (erstes Auftreten der Königin der Nacht!) erreicht ..., sodaß man die Sänger aus Holz so manchen aus Fleisch und Blut vorzog ...

Reservierter fällt Bernhards Kritik an einer anderen Aufführung des Marionettentheaters, "DIE GESCHICHTE DES DOCTORIS FAUST", des ältesten Faust-Spiels aus dem XVI. Jahrhundert, aus. *Das Ensemble hat überaus Gelegenheit, sich auszutoben, ..., wenn auch manchmal etwas zu viel herumgegeistert wird ... Famulus Wagner schien uns doch ein wenig zu atemlos – im Gegensatz zum salzburgisch aufgefrischten 'Hanswurs(cht)t', der mit einem tüchtigen Schuß Maxglan ein wenig Wind in den Lustgarten des Herzogs von Parma blies ...* (27. Juni 1953)

Nachdem er noch knapp einen Monat zuvor eine Lanze für die Moderne gebrochen und sich gegen die pauschale Diskriminierung zeitgenössischer Kunst durch eine konservative Kritik zur Wehr gesetzt hatte, fällt der Kunstfreund Bernhard unversehens selber dem gleichen Zeitgeist zum Opfer, indem er aus Anlaß einer Ausstellung der beiden Salzburger Bildhauer Josef Hödlmoser und Lois Lindner auf der Festung Hohensalzburg feststellt, daß man es hier mit *eigenwilligen, von den verschiedenen Kunststrängen und Seuchen noch nicht angegriffenen Persönlichkeiten zu tun* habe (22. Juli 1953).

Am 29. Juni findet der Berichterstatter Gelegenheit, sich sehr lobend über ein Konzert der Volksmusikschulen zu äußern. Die solistischen Leistungen und die

Spielgruppen seien ausgezeichnet gewesen – *einzelne Orchestermitglieder sind kaum zehn Jahre alt!*

Am 2. Juli liest man einen gleichfalls, wie zu dieser Zeit bei allen Kulturbeiträgen üblich, mit Anfangsbuchstaben gezeichneten Bericht über einen "Hochsommerlichen Balladenabend", den Gerhard Florey und Karl Schoßleitner bestritten.

Torberg schlecht "verbrechtelt"

Eine vehemente Parteinahme Thomas Bernhards zu Friedrich Torbergs Kampagne gegen Bert Brecht findet sich im "DEMOKRATISCHEN VOLKSBLATT" vom 29. August 1953 in einer "FRIEDRICH TORBERGS 'BRECHTIGE' KUNDE" betitelten Polemik: *Das, was Friedrich Torberg (mit Pamphleten und Parodien) sagt, das sagten andere – und mit Recht, nicht schlecht. So blieb Herrn Torberg mancher Aufguß übrig, sei dies in Strophen, in denen er Klopstock mimt, den alten Goeth' (so wie er's sagt), den Schill', den Hein'. Was von dem allen bleibt, verwässert waren sie die Sprüch'... Bert Brecht ist heute Futter für Parodie und Pamphlet. Der Parodist – wir sagen doch nicht Dichter! – bemächtigt sich des 'Drei-Vier-Groschen-Manns' und schreibt; doch letzten Endes kommt's – fürwahr noch heut' – drauf an, was bleibt: Denn wo Knecht Brecht recht pr(e)chtig echtelt, ist Friedrich Torberg schlecht verbrechtelt!"* 1953 gegen Torberg und für Bert Brecht Partei zu ergreifen, in der Zeit des Kalten Kriegs, in der auch hierzulande spürbar werdenden McCarthy-Ära, hat für den jungen Autor – und das Blatt! – einigen Mutes bedurft!

In die Reihe der Träger literarischer Veranstaltungen ordnete sich damals, im Herbst 1953, auch der Salzburger Presseklub ein, wie einem Bericht Thomas Bernhards über die Vorstellung einer von Eligius Scheibl herausgegebenen Anthologie am 7. Oktober zu entnehmen ist. Aus dem Buch mit dem Titel "DAS SCHÖNE LAND" las Karl Schoßleitner Gedichte von Billinger, Zuckmayer, Trakl, Ginzkey, Paula Grogger, Weinheber, Linus Kefer, dem *begabten oberösterreichischen Lyriker und Verfasser ausgezeichneter Erzählungen,* Franz Tumler, Karoline Brandauer und Herbert Zand. *Die im Großen und Ganzen glücklich getroffene Auswahl erfreute die Anwesenden ... und erweckte vor allem den Eindruck, daß die Lyrik, in unserer Zeit mehr und mehr in den Hintergrund gedrängt, durchaus nicht ausgestorben ist,* wie der Berichterstatter mit Genugtuung vermerkt.

Kritischer, aber schlußendlich doch versöhnlich, geht Bernhard am 16. Oktober 1953 mit Alfons Czibulka um, der in der Volkshochschule aus eigenen Werken las. *Erscheint das erste Kapitel des jüngst erschienenen Romans 'Die Brautfahrt nach Ungarn', in dem sich ausgezeichnete Stellen finden, gebaut auf einem ursprünglichen Humor, ein wenig zu breit angelegt und vor allem zu stark im Traditionellen verankert, bot die feine Erzählung 'Der Tod der Kaiserin' einen Einblick in die ausgeglichene Sprachgestaltung des Autors ...*

Am 23. Oktober würdigt Thomas Bernhard das fünfjährige Bestehen des von Dr. Walter Seidlhofer geleiteten Lesestudios der Salzburger Volkshochschule, dem er ja zweifellos auch persönlich sehr viel an Literaturkenntnis zu danken hatte und in dem er selbst auch zu Wort kommen sollte.

Tags darauf referiert Bernhard über eine Vorführung des Viktor Tourjansky-Films "SALTO MORTALE" im Mozart-Kino, der im Zirkus Krone gedreht worden war. *Einmalig sind die Szenen aus dieser besten deutschen Arena ... ein Erlebnis sondergleichen. Selten wurde in das Leben der Zirkusleute so hineingefilmt, wie in diesem Falle. Gute schauspielerische Leistungen machen den Film zu einem kaum zu überbietenden Genuß!*

Ganz in seinem Element ist der Berichterstatter auch bei einem mundartlichen Abend der Volkshochschule in der Arbeiterkammer, bei dem Gedichte von Sylvester Wagner, August Radnitzky und Otto Pflanzl vorgetragen wurden. Selbst lasen August Ableitner, dessen antisemitische Ausritte zur Hitlerzeit damals offenbar schon vollkommen verziehen waren, Platten-Liesei, Theodor Renzl und Pert Peternell. Das Ergebnis war für Bernhard jedenfalls eine *wohlgelungene Veranstaltung* (9. November 1953).

Bereits wenige Tage später, am 12. November, ist wieder amerikanische Literatur anläßlich eines Leseabends im Amerika-Haus an der Reihe. Seinen zusammenfassenden Eindruck stellt Thomas Bernhard an die Spitze seines Berichts: *Amerika ist das Land des Tempos und der Kurzgeschichte.* Er findet, daß James Thurber, Mark Twain und William Saroyan *meisterlich* schreiben. *Mark Twain in der Mitte zu nennen, hat seinen Sinn, er schlägt nämlich nach keiner Seite zu stark aus. Bei ihm ist man nämlich vor unangenehmen Überraschungen sicher, wenngleich auch die Geschichte 'Frau McWilliams bei Gewitter' nicht ohne den von Anfang an bekannten Endeffekt bleibt. Mark Twain ist eben schon ein wenig alt, das heißt ein Teil seiner Geschichten. Vor den übrigen Werken dieses Meisters des literarischen Amerika ziehen wir vorläufig immer noch ehrerbietig den Hut.* Mehr Einschränkung gibt es hingegen, wie schon bei früherer Gelegenheit, bei William Saroyan, *mit seiner Geschichte sozusagen einer unserer kommenden Dichter, bleibt für uns immer noch über dem großen Wasser. Mit dieser Geschichte wird er wahrscheinlich nie herüberkommen.* Die armenische Abstammung dieses amerikanischen Autors dürfte Bernhard bei diesem Urteil kaum gegenwärtig gewesen sein. Noch viel schlimmer ergeht es James Thurber, der der Reporter unter den Schriftstellern des heutigen Amerika sei. *Das Konstruktive ist seine Leidenschaft. Manchmal bis zum Ekelhaftesten an Seichtigkeit abgesunken, spürt er doch da und dort noch Fährten auf ... James Thurber ist so zusammengeschüttelt wie die Amerikaner alle.*

Am 27. Februar 1954 begegnet Bernhard im Amerika-Haus Eugene O'Neill, von dem ein "GESELLSCHAFTSSPIEL" gelesen worden sei, *das zwar stark an T. S. Eliot anklingt, aber doch den amerikanischen Ursprung nicht leugnen kann,* wie er ein wenig abfällig vermerkt. Das Mißlingen eines anderen Leseabends im Amerika-Haus schreibt er dem Umstand zu, daß sich Edd Stavjanik, Otto Werner und Wilfried Steiner zu wenig in die vorzulesenden Bücher versenkt hätten.

Eine anti-amerikanische Grundstimmung behält Bernhard lebenslang bei. Der Amerikanismus habe alles ruiniert in Europa, äußert er sich gegenüber Kurt Hofmann noch in den letzten Lebensjahren. Die Literatur, die in den fünfzehn Jahren nach dem Krieg geschrieben worden sei, sei nichts wert gewesen, weil sie nur eine *blinde, billige Nachäffung der Amerikaner* geblieben sei. Damit sei die damals geschriebene Literatur ein *völliger Scheißdreck* gewesen. Den Umschwung habe erst sein "FROST" gebracht: *... vor dem 'Frost' hat's in dieser Art im Grund wirklich nichts gegeben. Es war erstmalig, diese Art zu schreiben.*[23]

Mit solchem Selbstbewußtsein ausgestattet, war es nicht weit hergeholt, sich genußvoll den Nobelpreis auszumalen, für den er schon zweimal vom Präsidenten des deutschen P.E.N.-Clubs vorgeschlagen worden sei: *Nur, ich würd' ihn ja gern kriegen, um ihn dann nicht anzunehmen. Aber,* so fügt er einschränkend hinzu *man kann nicht ablehnen, was man nicht bekommt.*[24]

Vorläufig hatte Bernhard noch Grund, sich darüber zu ärgern, daß er sich in seiner Jugend *mindestens fünf, sechs Mal um den Trakl-Preis bemüht habe, den hat dann aber immer der Amanshauser gekriegt hat oder irgendwer. Ich bin ja auch oft zur Jugendkulturwoche gefahren, da haben s'dann vom Amanshauser zehn Gedichte gelesen und von mir eines mit vier Zeilen, das war immer die Degradierung und die Rivalität ...*[25] Vielleicht ist auch das Attest der *Unreife* und der *Unbeholfenheit,* das er Amanshauser schon am 25. März 1953 anläßlich einer Lesung ausgestellt hatte, ein Ausdruck dieser Rivalität gewesen.

Im Herbst 1953 bemühte sich Bernhard noch an Hand einer Aufführung im Lesestudio um eine Deutung von Grabbes "DON JUAN UND FAUST", *jene Verschmelzung zweier Dichtungen der Weltliteratur, die von unglaublicher Phantastik und einem unbändigen Übermut getragen wird. Grabbe erreichte kaum das mittlere Lebensalter. Wäre er älter geworden, so hätte er eine außerordentliche Höhe bleibenden dichterischen Schaffens erreichen können. Sein 'Don Juan und Faust' zeigt die besten Ansätze einer Dichtung, verliert sich aber mehr und mehr im Uferlosen. Zudem ist fraglich, ob ihm die Gegenüberstellung der beiden Tausendsassa der Geschichte gelungen ist ... Fraglos originell* ist die Bezeichnung der beiden Gestalten ebenso wie ihre Zuweisung zur Geschichte (13. November 1953).

Uncharmant erweist sich Thomas Bernhard gegenüber Zarah Leander anläßlich der Salzburger Aufführung ihres Films "AVE MARIA". Sie sei alt geworden. *Jetzt singt sie nicht mehr, daß ein Wunder geschehen wird ... Sie spielt in diesem Film ein seltsames Doppelleben ..., wenn es überhaupt Leben ist, das sie spielt. Vielleicht reproduziert sie in diesen eineinhalb Stunden ihr höchstpersönliches Schicksal, was diesem Edelkitsch ein gewisses Maß an Anteilnahme abfordert ...* (14. November 1953)

Recht unverblümt rezensiert Bernhard auch den Grete Weiser-Film "DAMENWAHL": *Bekannte Darsteller ... machen aus dem sonst völlig belanglosen Film ... einen ausgemachten Blödsinn, wie ihn viele nun einmal haben wollen* (14. November 1953). Weitgehende Avancen hingegen macht Bernhard Eduard C. Heinrich, einem jungen oberösterreichischen Lyriker, dem es gelinge, die Situation der jungen Generation zu zeigen und packende Bilder seiner Gedichte dem Hörer näherzubringen. Auch die "BETRACHTUNG EINES BILDES" beweise, wie sehr Heinrich auch das Ruhende auszudrücken vermöge. Einer starken dichterischen Begabung stehe allerdings bei anderen Stücken der mehr *reportagenhafte* Charakter gegenüber (10. Dezember 1953).

In die *harte bäuerliche Welt des Gebirges* läßt sich Thomas Bernhard wieder einmal bei einer Lesung Salzburger Autoren bei der Vereinigung volksnaher Kunst entführen. Sie war Thea Manzl und Freund Gimmelsberger gewidmet, der die Zuhörer *nachdenklich gestimmt und ihnen eine echte Vorweihnacht auf den grünen Tisch gezaubert* habe (17. Dezember 1953).

Bereits am 2. Dezember hatte er zwei Lyrikerinnen am Lesepult der Volkshochschule angetroffen: *Karoline Brandauer ... fand mit einigen zarten, hingebungsvoll gelesenen Versen bald den Weg zu den zahlreichen Zuhörern. Vor allem sind es die einfachen, naturverbundenen Strophen der jungen begabten Lyrikerin, die zu ihren besten Arbeiten gehören.* Elisabeth Effenbergers Verse findet der Rezensent nun *zuchtvoll und klar,* sie fügen sich harmonisch in das lyrische Werk der Autorin ein, deren Gedanken manchmal aufhorchen ließen. Noch am 18. April des gleichen Jahres hatte er Effenberger *fraulich unselbstständige Lyrik* und *mangelndes Empfinden* vorgeworfen.

Am 21. Dezember führt ein redaktioneller Auftrag Thomas Bernhard in die Ausstellung "FÜNF JAHRHUNDERTE GEMÄLDE" im Ausstellungspavillon des Museums CA im Mirabellgarten. Die Bilder aus dem Museumsbestand betrachtet der Berichterstatter als *großen Gewinn für den Kunstinteressenten,* daneben aber auch als einen *Höhepunkt aller diesjährigen Gemäldeausstellungen.*

Salzburger Autoren begleitet Bernhard auch bei einem Leseabend in der "SILBERROSE" am 3. Februar 1954. Er hört Georg Eberl, Erich Landgrebe, Erwin Gimmelsberger. *Am volkstümlichsten und echtesten waren wohl Eberls Wanderungen durch die Tierwelt.* Landgrebe findet er *routiniert und effektvoll im höchsten Maße.*

Aus Anlaß des fünften Todestages wurde am 13. Februar 1954 Johannes Freumbichlers bei einer Feier im Mirabellschloß gedacht. Für den referierenden Enkel ist Freumbichler *wohl einer der ursprünglichsten Dichter Österreichs und des deutschen Sprachraums überhaupt, einer der größten Söhne des Landes.*

An Hand eines Lichtbildervortrages, den Prof. Hermann Gamerith aus Villach in der Volkshochschule hielt, fand Bernhard Anlaß zur Begeisterung für oberitalienische Landschaften: *Gamerith verstand es, ... für die Natur des Südens einzustehen und Giovanni Segantinis Worte von der 'Schwelle zum Paradies', gesprochen in Latio, dem wundervollen Städtchen am blauen See, wiederzuerwecken. Ein Hauch Segantinis, des unsterblichen Malers Oberitaliens, lag auch über den Farbbildern Gameriths* (22. Februar 1954).

Am 1. März 1953 freut sich Bernhard über *ganz deutliche Worte*, die der Maler und Graphiker Ernst von Dombrowski bei einem Vortrag über die Kunst gefunden habe: *Daß die Kunst nämlich immer zeitlos ist, daß sie vor allem aus dem Herzen kommen muß und sich diese Herzhaftigkeit, vermählt mit der Künstlerschaft, erst zum wahrhaften Kunstwerk steigern kann ...*

Am 15. Mai entdeckte Bernhard bei einer Lesung die *ohne Zweifel begabte Lyrikerin* Helga Blaschke: *Einige der gelesenen Gedichte konnten sehr gut gefallen, doch findet man auch in der Prosa manch bewegendes Element ... wenngleich auch noch eine gewisse Beschränkung im Aufbau fehlt.*

Am 15. Mai lernt Thomas Bernhard bei einer Lesung im Amerika-Haus "AN IMMORALITY" von Ezra Pound kennen, von Eduard C. Heinisch *tadellos verdeutscht.* Allerdings, so bedauert der Referent, sei manchmal der typisch amerikanische Akzent durch die Übersetzung verloren gegangen. Hat Bernhard damals Pound schon im Original gelesen? Wenn ja, hätte man gerne mehr erfahren, welchen Eindruck dieser Dichter, dessen tragischer politischer Irrweg und dessen trauriges Schicksal damals die Literaturwelt viel beschäftigten, auf ihn gemacht hat.

Schon am 4. Mai hatte Bernhard in seinem Bericht über einen Volkstanz rund um den Maibaum *einen Triumph des heimischen Brauchtums, ein immer wieder herzerfrischendes Fest* gefeiert.

Bereits am 13. April findet sich im "DEMOKRATISCHEN VOLKSBLATT" in Form eines nicht gezeichneten, aber unzweifelhaft von Bernhard stammenden Berichts über einen Vortrag der großen Tänzerin Derra de Moroda ein Ausflug in die ihm überraschend nahe Welt des Tanzes. Er beschreibt eine bei dieser Gelegenheit gezeigte Übungsstunde, an der Stange, im Freien, Adagio, Allegro. *Fuß nicht zu früh auf die Spitze gestellt, er muß weich ausgebildet sein.* In England und Amerika gebe es keinen Spitzentanz für Kinder unter zwölf Jahren. Mitwirkende an dieser Darbietung war, wie man dem Bericht entnimmt, die später als Tänzerin und Sängerin sehr bekannt gewordene Margot Werner.

Gleichfalls Anfang Mai bot sich Bernhard die Möglichkeit, in einem Vortrag den Schöpfer des Nobelpreises, dem er sich später einmal ganz nahe fühlen sollte, näher kennenzulernen. *Die Persönlichkeit des großen schwedischen Erfinders entstand in einem neuen Licht ... er war ein einsamer, sehr zurückgezogener Mensch, dem es vor allem, so absurd es erscheinen mag, um die Idee eines dauerhaften Friedens ging ...*

Am 14. Mai rezensiert Thomas Bernhard in der Spalte "VON NEUEN BÜCHERN" einen Gedichtband der von ihm so geschätzten Maria Zittrauer, der kurz zuvor beim Otto Müller-Verlag erschienen war, dem er ja auch selbst seine erste Lyrik-Publikation zu danken hatte. *In der Abgeschiedenheit des Bergdorfes Bad Bruck sind die Verse der Salzburger Dichterin Maria Zittrauer entstanden*, heißt es hier. *... Nicht alle Gedichte können gleich vollendet sein – sie wollen es nicht – aber der Großteil ist stark, lebensvoll und echt. ... Maria Zittrauer hat den Trakl-Preis verdient. Sie ist eine der wenigen wirklich ernst zu nehmenden Dichterinnen der heutigen Zeit. Ihre im Nachwort aufgezeigte 'kleine Welt' ist in Wirklichkeit eine unendlich große, aber nur der wird sie jemals erfassen können, der den Mut und den Sinn hat, sie auch zu betreten.*

Am 25. Mai berichtet Thomas Bernhard über eine Lesung zweier anderer Lyrikerinnen, Susanne Witteks und der Trakl-Preisträgerin Erna Blaas. An der Dame, die noch wenige Jahre vorher zu den begeistertsten Apologetinnen des Hitler-Regimes und seiner Grausamkeiten gehört hatte, bewundert Bernhard die *einfache und melodiöse Sprache,* die liedhaften Strophen sind *empfindsame Musik und von der 'Anrufung' bis zum 'Siedlerhaus' wölbt sich der Bogen der fraulichen Sehnsucht ...*

Am selben Tag hat Thomas Bernhard auch über eine Aufführung von Georg Kaisers "DER GÄRTNER VON

TOULOUSE" zu referieren: *Das dramatische Sexualgeschehen entstammt der expressionistischen Epoche, zu der wir heute – größere Konflikte haben die kleineren verdrängt – in einer gewissen Distanz stehen ...* Der Rezensent beschließt seine Arbeit mit der Schilderung der schauspielerischen Leistungen, wobei er einem Herrn Helmut Silbergasser *mehr Sprachbeherrschung* empfiehlt. Dabei hat es sich um eine Studentenaufführung des Mozarteums, also von Studienkollegen Bernhards gehandelt.

In diesen Tagen gab es für Bernhard wieder eine Begegnung mit bildender Kunst, mit Keramiken Arno Lehmanns, die unter dem Titel "DIE PFLANZE UND IHR GEFÄSS" im Pavillon des Zwerglgartens gezeigt wurden. An ihnen bewundert er *erlesenen Geschmack, modernes Formgefühl und künstlerische Qualität* (28. Mai 1954).

Das starke Interesse Thomas Bernhards an bildender Kunst dokumentiert auch seine Anwesenheit bei einem Lichtbildervortrag von Prof. Friedrich Welz über Anton Steinhart: *Der Generation eines Kokoschka, Schiele, Wiegele angehörend darf Steinhart heute zu den Klassikern der modernen österreichischen Malerei gerechnet werden ... ein Meister der Rohrfeder. ... Rastlos, zum Teil flüchtig, ist seine Kunst, aber gänzlich in unsere Zeit gestellt* (2. April 1954).

Schon einige Wochen vor der Lehmann-Ausstellung (6. Mai 1954) war Bernhard Zuhörer bei einem Vortrag des Hofrats Dr. Gustav Pichler über Ferdinand Sauter in der Volkshochschule gewesen. Gustav Pichler, damals Kulturreferent der Landesregierung, Präsident der Raimund-Gesellschaft und ein großer Förderer von Freumbichlers Werk, war ebenfalls ständiger Mitarbeiter des

"DEMOKRATISCHEN VOLKSBLATTS". Als solcher war er natürlich mit Bernhard persönlich bekannt geworden und hatte sich seiner sehr angenommen. Bei diesem Vortrag vermittelte er dem jungen Berichterstatter von Friedrich Sauter den Eindruck eines *Künstlers von Format*, den es *freilich nirgends lange gehalten* habe. Er gehöre als Dritter zu Sylvester Wagner und Johannes Freumbichler, der ihn zeitlebens geschätzt habe. Abschließend zitiert Bernhard die Inschrift auf dem Grabe Sauters: *Viel genossen, viel gelitten und das Glück lag in der Mitten.*

Offenheit und Enge in der Dichtung bilden das Thema der Auseinandersetzung anläßlich einer Lesung des Trakl-Preisträgers Wilhelm Szabo am 29. November 1954, zum Abschluß der Buchwoche. Szabos Gedichte, etwa 20 an der Zahl, in immer *demselben Reimschritt*, hätten schließlich monoton gewirkt. *Nicht das Land und das Gehöft, auf dem man wirkt, schafft die 'Enge der Dichtung', auch wer nie einen Schritt in die große Welt tat, kann Wunder wirken und diese Welt in seinen Atemzügen umspannen.* Thomas Bernhard scheint also zu diesem Zeitpunkt überzeugt, daß ihm selbst der Schritt aus der Enge seines eigenen Lebens und seiner kargen Umstände bereits gelungen ist.

Der junge Dichter

Schon öfter war er in dem Blatt, in dem er seine ersten journalistischen Schritte unternommen und es zum vielseitigen Allrounder gebracht hatte – besonders im Zusammenhang mit seinem Großvater –, auch als junger Dichter apostrophiert worden. Bereits am 17. Jänner 1953 erschien in einer umfangreichen, vor allem Thomas Mann gewidmeten Beilage des "DEMOKRATISCHEN VOLKSBLATTS" eine erste, "DIE VERRÜCKTE MAGDALENA" genannte Geschichte. Es geht dabei um ein Dorfmädchen, Tochter eines Briefträgers, die später in Paris des Schicksal der "KAMELIENDAME" erleidet. Schon nach der ersten Vorstellung der Heldin heißt es da: *Irgendwas Heimtückisches saß schon hinter ihren auffallend blonden Haaren. Man wußte nie recht, was sie im Sinn hatte. Im Grunde aber war sie doch ein gutmütiges Geschöpf, das alles verschenkte. ... Manche Leute hielten sie deshalb nicht für normal, und suchten in der langen Kette der Vorfahren, die nur Knechte, Mägde, Schwellenleger und einen Tagdieb enthielt, nach einem, von dem sie hätten sagen können, er wäre unter der Schädeldecke doch ein wenig durcheinandergewürfelt gewesen.*

Die Schilderung kommt aus dem Mund eines Freundes, eines Malers: *Und dann war es doch auch so, daß ihn etwas ähnliches wie mich in die Großstadt getrieben hatte.* Dieser Maler-Freund sollte dann dem Mädchen, mittlerweile zur Kokotte geworden, in Paris wiederbegegnen, wo es dann an Tuberkulose stirbt. Noch stark beeinflußt von Vorbildern der großen Literatur, wird Bernhards spätere Vorliebe für dunkle Schicksale, für die Abgründe des Lebens in Anklängen spürbar.

Bemerkenswerte Aufschlüsse über Bernhards damalige Einstellung zu Frau und Mutterschaft gibt eine in einer Beilage vom 21. Februar 1953 publizierte Erzählung "DAS VERMÄCHTNIS", in der eine sterbende alte Lehrerin zu ihrer ehemaligen Schülerin spricht: *'Du willst doch ein Kind', sagte sie und zog Rose ans Bett. 'Das ist das Furchtbarste in der Welt, wenn man kein Kind hat ... Am Ende, am letzten Tag, wenn kein Kind am Totenbett steht und weint ... Wenn Du kein Kind bekommen kannst, nimm Dir ein Kind an, ein armes Kind...Kein Kind ist uns fremd ... Eine Frau, die kein Kind hat, hat nicht gelebt ...'*

Am 15. Oktober 1953 erscheint im Blatt, verbunden mit der Ankündigung, *daß unser Mitarbeiter Thomas Bernhard am Freitag, dem 16. Oktober 1953 im Bundesgymnasium im Rahmen der Salzburger Volkshochschule aus eigenen Werken lesen wird,* eine Erzählung mit dem Titel "DER GROßE HUNGER". Es ist dies die Geschichte eines berufslosen, hungernden jungen Mannes, der Gelegenheitsarbeiten sucht und sich nach seiner Heimatstadt, *der großen goldenen Stadt* sehnt. *Die schöne Stadt: Es gab Dichter in seiner Zeit, die sie besangen, ihren Glanz und ihre Lieblichkeit, ihren Himmel und ihre Nächte ...*

Weiter heißt es dann: *Auf der Bank, die abseits stand, kam ihm die Einsamkeit seines Herzens zu Bewußtsein. Aber nicht nur die Einsamkeit seines Herzens, sondern auch die Einsamkeit seines Fleisches und seiner Knochen, die Einsamkeit seines jungen Gemüts, das umherirrte, Tag und Nacht, und niemals mehr Ruhe finden konnte.*

Als er wieder die lange Straße entlang schritt, dachte er an daheim. Aber das alles verschaffte ihm nicht die Kraft zu leben. Nichts hatte er als den langen Weg ... Da fühlte er sich plötzlich krank wie ein Mann, der den großen Krieg mitgemacht hat und das große Verderben. Er hatte sie heimkommen gesehen mit den Uniformfetzen von den Schlachtfeldern.

Die Erzählung schreitet fort mit der Schilderung eines Besuchs in einer Hilfsmission, wo dem Held jedoch nur Verständnislosigkeit begegnet. *Niemand bemerkte in der großen Stadt, daß er Hunger hatte und vieles liebte und, daß er jung war. Es hungerte ihn nach allem, was er in der Nächten geträumt hatte. Nach Äpfeln und Birnen, nach Bergen und Kornfeldern, nach mütterlichen Frauen und weisen Vätern.* Der autobiographische Charakter der Erzählung ist unverkennbar. Ich erinnere mich der Gespräche, die wir unter dem Eindruck ihrer Lektüre in der Redaktion geführt, und wie wir uns bemüht hatten, unser Mitleid zu irgendeiner wirksamen Form der Hilfe werden zu lassen. Darauf angesprochen, hatte Bernhard aber wieder nur mit verwunderter Ablehnung reagiert.

Am 21. November 1953 veröffentlicht das "Demokratische Volksblatt" ein Feuilleton Bernhards "Die kostbarste Bibliothek des Landes", das sich nicht nur durch literarische Qualität, sondern auch durch interessante autobiographische Hinweise auszeichnet. Es beginnt mit dem Hinweis auf einen von Bernhards Lehrern: *Im Gymnasium hatten wir den Geographieprofessor Pittioni, einen kleinen, aber geistreichen Mann.* Dieser Professor war ein Bruder des nachmaligen Ordinarius für Urgeschichte an der Wiener Universität, Richard Pittioni, und im Jahr 1938 auch kurze Zeit mein Lehrer in Geographie und Geschichte gewesen.

Diesem Professor Pittioni hat Bernhard später in seinem autobiographischen Roman "DIE URSACHE" als einem der insgesamt nur zwei Menschen, die ihm aus seiner Gymnasialzeit in guter Erinnerung geblieben waren, eine außerordentlich zutreffende Beschreibung gewidmet und ihm damit ein literarisches Denkmal gesetzt.[26] Und ihm verdankt nun Bernhard, wie er weiter erzählt, einen wichtigen Rat: *Eines Tages erzählte er uns etwas über Nordamerika und seine Riesenstädte und eigenartige Menschen, die sich vor allem in New York zusammenpferchen, vom Broadway, vor allem aber über die junge Geschichte dieses sagenhaften Erdteils über dem großen Wasser. Und da das, was uns Professor Pittioni erzählte, zu wenig war, fragten wir den alten beliebten Mann auf dem Universitätsplatz, wo wir noch mehr über Nordamerika erfahren könnten ... 'In der Studienbibliothek', sagte er und betrachtete uns, als wollte er uns unsere Nichtigkeit vor Augen führen. An diesem Tag lernte ich zum ersten Mal die Studienbibliothek kennen.*

Diese Bibliothek war, wie das Bundesgymnasium zu dieser Zeit, in der Alten Universität untergebracht und wurde mit der Wiedererrichtung der Alma Mater Paridiana wieder zur Universitätsbibliothek erhoben. Sie enthielt bereits zu Bernhards Schulzeit die ungeheuren Schätze der Bibliothek Hermann Bahrs. *Heute betrete ich dieses Haus mit anderen Gedanken als damals,* fährt Bernhard in seinem Feuilleton fort. *Nordamerika kenne ich noch immer nicht, auch nicht den südlichen Erdteil unter spanischem Einfluß* (besser wäre wohl iberischem gewesen – Anm. d. Verf.), *und überhaupt ... Wahr-*

scheinlich werde ich nie genug wissen, aber wenn ich ein wenig mehr wissen will, so gehe ich in die Studienbibliothek ... Dort habe ich zum ersten Mal etwas von Jean Paul gelesen und von Grillparzer, von Mörike und Kleist. Ich habe dort oben gelacht und geweint – mit dreizehn oder vierzehn Jahren ...

Einige Wochen später, am 17. Februar 1954 schreibt Thomas Bernhard über einen Besuch in der zweiten öffentlichen Bibliothek der Stadt Salzburg, der Stadtbibliothek. Sie sei eine ausgesprochene Volksbibliothek und *somit ein Haus des Lebens, der Unterhaltung, in dem man allerhand Zaubermärchen des modernen Lebens bekommt, gut verpackt und für jeweils zwei Wochen ...* Es gebe 3000 eingeschriebene Leser, und es sei erfreulich, daß die Arbeiter das Hauptkontingent der Lesenden stellten. Die sogenannte *schöne Literatur* herrsche auch heute noch vor, es mache sich aber auch ein gewisser Ruck zur Belehrung bemerkbar. Dann aber melden sich wieder Bernhards Bedenken gegen die Anhäufung bloß formalen Schulwissens: *Es ist schön, sich Wissen anzueignen; ohne die Dichtung aber und ohne die Denker, die das Leben bedenken, werden uns die großen und die größten menschlichen Errungenschaften auch nicht glücklich machen. Daß die Lyrik schlecht abschneidet ist ein Zeichen der Zeit ...* Dieses Bekenntnis, zu dem das Feuilleton geworden ist, zeichnet Thomas Bernhard mit vollem Namen.

In der Weihnachtsbeilage des "DEMOKRATISCHEN VOLKSBLATTS" vom 24. Dezember 1953 plaziert der Chefredakteur Thomas Bernhards Erzählung "VON SIEBEN TANNEN UND VOM SCHNEE". Drei Heilige hätten ihn, den

Helden der Ich-Erzählung, in der Weihnacht zu sieben Tannen geführt, weitab vom Weg, und ihm aufgetragen, die kleinste der Tannen, die zu verkümmern drohte, zu pflegen. Und er versprach, daß er sie pflegen werde.

Zuhause habe er dann, so berichtet Bernhard, sein Erlebnis erzählt, worauf ihn der Vater gefragt habe: *Wen willst Du pflegen?* Die Antwort lautete: *Die Liebe, Vater, die Hoffnung und die Liebe.*

Die gleiche weihnachtliche Geschichte erschien übrigens ein Jahr später noch einmal im Blatt. Offenbar war es dem Autor durch eine Unachtsamkeit des Chefredakteurs gelungen, sie zweimal zu verkaufen.

Recht beachtenswerte Einblicke in die Lesegewohnheiten Bernhards zu dieser Zeit und seine Art, sich literarisches Wissen anzueignen, gibt am 24. November 1954 ein mit dem dreispaltigen Titel "LOB DES BÜCHERPROSPEKTS" versehenes Feuilleton. *Manchmal, nicht immer, habe ich Lust, ein Buch zu lesen,* heißt es dort. *Dann denke ich, was mir zuträglich sein könnte, und marschiere, falls ich in der Stadt bin, nach Hause ...*

Die Bücher wachsen wie Sauerampfer auf der Sommerwiese. Meine Bibliothek ist nicht groß, aber doch trage ich mir jede Woche ein Exemplar nachhause. Alles Mögliche, dicke Romane, Gedichte, historische Werke, Plaudereien, eine Handvoll Wissenschaft, etliche Prospekte ...

Dann setzt Thomas Bernhard fort: *Auch die Prospekte sind eine Lektüre, vielleicht die schönste! Da hat man so ziemlich alles auf einmal. Was hat es für einen Sinn, einen dicken Wälzer ins Bett mitzunehmen, sich abzuplagen mit*

Liebesgeflüster, Schauermärchen im Sechsminuten-Abstand? In den Prospekten findet sich Titel an Titel – und ist es nicht oft so, daß der Titel der ganze Roman ist? Viele Bücher sind auf einen Kilometer auseinandergezogene Titel ...

In der Beilage des "DEMOKRATISCHEN VOLKSBLATTS" am 4. Mai 1954 lernen wir Thomas Bernhard zum ersten Mal als Lyriker kennen. Das Gedicht nennt sich "STROM DES SEINS", die erste Strophe lautet:

Flüchtig stehn wir auf der Stelle,
Sehen Leben, wie es sich ergießt,
Stehen einsam heute an der Schwelle,
Treiben morgen auf der blanken Welle
Schon stromabwärts, und es fließt und fließt.

Wir wissen um Bernhards Bemühungen um den Trakl-Preis schon in jungen Jahren. Wir wissen auch, was er an moderner Lyrik geschätzt hat. Noch einmal können wir es anläßlich einer Lesung von Christine Busta am 25. November 1954 erfahren: Ihre Verse seien bildkräftig, in ihnen sei noch der Atem der Tradition zu spüren, *keine gebrochene Form ist notwendig, um unsere Zeit darzustellen und in dichterische Sphären zu erhöhen.* Bei seinen eigenen lyrischen Arbeiten war wohl das Vorbild Trakl gegenwärtig, zumindest am Anfang. Aber davon hat er sich bald gelöst, wie wir aus einem der Gespräche mit Kurt Hofmann erfahren: *Ich hatte beim Veröffentlichen überhaupt nie Schwierigkeiten. Da war der Moissl, der war Lektor, und damals war ja der Müller der beste Verlag, und ich hab' gesagt, na ja, Trakl recht gut und schön, das ist immerhin schon vierzig Jahr' her, ich mein', ich leb' halt in meiner Zeit und das soll halt erscheinen. Da hat er so geschaut und gesagt, na ja, werden wir sehen, und wir haben uns hingesetzt und Gedichte ausgesucht, und die sind dann halt erschienen, ein Vierteljahr drauf. Das war nie eine Schwierigkeit.*[27]

Frühe Kritik

Sehr früh hat Thomas Bernhard in Salzburg Kritiker und damit Aufmerksamkeit in der Öffentlichkeit gefunden. So verweist Jens Dittmar in seinen unter dem Titel "DER BERNHARDINER – EIN WILDER HUND" gesammelten "TOMATEN, SATIREN UND PARODIEN ÜBER THOMAS BERNHARD" auf ein Gedicht von Hans Kutschera im "SALZBURGER VOLKSBLATT" vom 7. Dezember 1955 mit dem Titel "THOMAS BERNHARD 'FURCHTE'" – eine heftige Schelte über einen Artikel Thomas Bernhards "SALZBURG WARTET AUF EIN THEATERSTÜCK" in der "FURCHE" vom 4. Dezember 1955. Dittmar bezeichnet Kutschera als einen der ersten Förderer und zugleich Kritiker Bernhards. Tatsächlich hat Bernhard den um vieles älteren Hans Kutschera als Kollegen in der Gerichtssaalberichterstattung kennengelernt, die dieser neben seiner Tätigkeit als Kulturredakteur beim "SALZBURGER VOLKSBLATT" besorgte.[28]

Unbestreitbar ist aber, daß Bernhard seinen ersten Förderer in Salzburg bereits drei Jahre vorher in Josef Kaut gefunden hatte, und auch die ersten Kritiken über Bernhard sind im "DEMOKRATISCHEN VOLKSBLATT" bereits Jahre vor der erwähnten Veröffentlichung Kutscheras erschienen. Die erste Erwähnung Bernhards als Autor fand ich in der Ausgabe des "DEMOKRATISCHEN VOLKSBLATTS" vom 19. Oktober 1953 anläßlich einer Lesung, zu der er gemeinsam mit Georg Eberl eingeladen war. *Thomas Bernhards Gedichte 'Pfarrgarten in Henndorf', 'Friedhof in Henndorf', 'Die Mägde von Henndorf' und andere machen mit einer Lyrik bekannt, die klassisch und fein, aber auch schwungvoll und farbenkräftig ist*, heißt es in dieser Kritik. *Übermächtig bricht aus seinen Versen die*

Sehnsucht nach Helligkeit, Bläue und Klarheit hervor. Auch seine Prosa erhebt sich an vielen Stellen zu dichterischer Schönheit: die Ausschnitte aus einem Buchmanuskript, das vor der Veröffentlichung steht, zeigen das starke Verlangen, ja den Hunger, des jungen Schriftstellers nach Schönheit, die er im Kleinen wie im Großen zu finden bereit ist...Es gibt noch solche Welten, deren Morgen klar ist und deren Himmel weit. Da und dort zeigt sich Bernhard als Mann, der trotz seiner Jugend viel zu sehen und manches zu erkennen vermag. ... Ein begabter Schriftsteller, dessen frühes Werk ein starkes Versprechen für die Zukunft in sich birgt.

Diese erste Kritik über Thomas Bernhard ist mit den Initialen F.P. gezeichnet, stammt also von Friedl Plank, die zu dieser Zeit ebenfalls ständige Mitarbeiterin des "DEMOKRATISCHEN VOLKSBLATTS" war. Sie ist bei den vielen kleinen Auseinandersetzungen, die es wegen Mängeln und Ungenauigkeiten in Bernhards journalistischen Arbeiten in der Redaktion gegeben hat, stets auf seiner Seite gewesen und hat ihn immer gegen unsere oft recht heftigen Vorhaltungen in Schutz genommen. Frau Planks Hoffnungen, die sie in ihrer ersten Kritik in Bernhard gesetzt hatte, haben sich also viel mehr erfüllt als bei unserer damaligen Einschätzung des Redaktionsaspiranten zu erwarten gewesen war.

Auch die zweite positive Kritik über Bernhards frühe Arbeiten im "DEMOKRATISCHEN VOLKSBLATT" stammte von einer Frau, unserer Mitarbeiterin Dr. Erika Jüttner, und ist am 26. November 1953 erschienen. Der Schauspieler Richard Tomaselli, mit Josef Kaut befreundet und sicher von diesem auf Bernhard aufmerksam gemacht, las damals Preradovic, Mell, Leitgeb, Schönwiese, Rendl, Zuckmayer, Weinheber und eben Thomas Bernhard. Die Rezensentin resümierte: *Der zweite Teil war der Dichterjugend gewidmet. Neben Gerhard Amanshauser und Elisabeth Effenberger vermittelte Thomas Bernhard mit seinen von Richard Tomaselli zu Gehör gebrachten Gedichten besonders gut in Sprache geprägte Gedanken.*

Monate nach dem Ausscheiden Thomas Bernhards aus der Redaktion, das um die Jahreswende 1954/55 erfolgte, bemühte sich Chefredakteur Kaut selbst um die Rezension einer damals erschienenen Anthologie mit dem Titel: "DIE GANZE WELT IN MEINES HERZENS ENGE", in der neben Amanshauser, Rudolf Bayr, Elisabeth Effenberger, Karin Breidach-Bernau, Karoline Brandauer, Doris Mühringer, Max Stitz und Friedrich Kaufmann auch Thomas Bernhard mit einigen Arbeiten aufscheint. Kaut verleiht Bernhards Gedichten "MEIN WOLKENSTÜCK" und "PFARRGARTEN IN HENNDORF" die Attribute *sehr schön* und *stimmungsvoll*, die wichtigste Entdeckung für ihn ist aber Doris Mühringer gewesen. Zusammenfassend spart Kaut auch nicht mit Kritik an der jüngeren Lyrikergeneration, und sie war von ihm wohl ganz wesentlich auf seinen früheren Schützling Bernhard bezogen: *Wir haben beachtenswerte Talente, es zeigt sich viel Gefühl in Form und Sprache und echtes Empfinden. Aber man wird vergeblich die Bewältigung dessen suchen, was die Menschen unserer Tage bedrängt, beherrscht und bewegt, was sie weinen und lachen läßt. Und wir müssen uns fragen: Ist es so übergroß, daß es nicht in die alten Formen hineingeht? Wird die Lyrik zur Flucht vor der Gegenwart?*

Ich glaube, daß es sich dabei um ein literarisches Werturteil Kauts handelt und daß die Kritik, die er wohl im besonderen Maße Bernhard zuteil werden läßt, kein Ausfluß einer Verstimmung ist, die sich aus dem politisch bedingten Ausscheiden Bernhards aus der Redaktion ergeben haben mag.

Parteinahme

Auf der Suche nach den Spuren der journalistischen Arbeit Thomas Bernhards für das "Demokratische Volksblatt" sind wir Zeugen der rasch gewonnenen Erfahrung des Autors und seines zunehmenden Selbstvertrauens geworden. Im gleichen Maße ist auch seine Bereitschaft, sein Mut zu persönlichen Stellungsnahmen und Urteilen gewachsen. In ihnen werden mehr und mehr persönliche Weltsicht und ideologische Standpunkte sichtbar. Aus ihnen sind auch mehrere kulturpolitische Artikel entstanden, die uns noch mehr als andere Arbeiten die Entwicklung der geistigen Konturen des jungen Bernhard erkennen lassen.

Der erste große kulturpolitische Aufsatz Bernhards ist bereits am 4. April 1953 unter dem Titel "Die Kultur ist nicht stehengeblieben" erschienen und einer sehr emotionellen Auseinandersetzung mit den Generationskonflikten dieser Zeit gewidmet.

Noch in keiner Zeit wurden gegen die Jugend so viele Vorwürfe erhoben als in unserer, in den Jahren nach dem Ersten, ganz besonders aber nach dem Zweiten Weltkrieg, beklagt er gleich in der Einleitung. *Man überhäuft die Jugend mit sorgenvollen Ermahnungen und Kritik auf allen Gebieten, wenngleich die Kritik, die man ihr auf dem kulturellen Gebiet entgegenbringt, wohl die beißendste, schärfste und rücksichtsloseste und vielleicht ungerechtfertigste von allen ist.*

Man werfe der Jugend nicht nur geistige Unfruchtbarkeit vor, sondern auch Teilnahmslosigkeit gegenüber allen *wertvollen* Dingen, Interessenslosigkeit und unbändigen Drang zu schalem Vergnügen. Man beschuldige die Jugend, daß sich ihr Dasein nur im materiellen Ablauf erschöpfe, daß sie sich an gänzlich unwichtige Dinge verschwende, massenweise Gangster- und Kriminalfilme besuche, borniert Liebesgeschichten verschlinge, ja, daß sie als Generation geradezu die Lethargie der Zeit verkörpere.

Hier setzt nun der junge Autor zu einer leidenschaftlichen Verteidigungsrede für seine Generation an: *Die Jugend ist keinesfalls verloren, wie man noch vor Jahresfrist angenommen hat, wie man es öffentlich kundgab, wie man es mancherorts vielleicht auch heute noch annimmt. Die Jugend ist da, und zwar mit einer solchen Aufgeschlossenheit, wie man sie ihr nicht besser wünschen könnte. Die Jugend ist auf dem richten Weg, sie hat – ohne Hilfe der Polemisierenden – ihren Kampf, ihren Kulturkampf überwunden, sie triumphiert bereits, ist Spiegel einer neuerstandenen Welt.*

Als ersten und wichtigsten Beweis zitiert Bernhard die zumindest behauptete statistische Tatsache, daß die *Zahl der jugendlichen Besucher in den Kinos zurückgegangen* sei, daß vor allem Gangsterfilme nur mehr von wenigen Jugendlichen besucht würden. Diesen Rückgang der Zahl jugendlicher Kinobesucher konstatiert der Verfasser überrascht als eine *Wandlung, die sich in der letzten Zeit vollzogen* habe, als ein *Zeichen innerer Ausgeglichenheit.* Mit dieser Ablehnung des Films als Kunstwerk und des Kinos als Stätte einer (möglichen) kulturellen Begegnung stand Bernhard aber durchaus nicht allein. Der Zustrom junger Menschen zu den Lichtspieltheatern wurde noch in den fünfziger Jahren von einer Mehrheit der älteren Generation als Symptom kultureller Verwahrlosung beurteilt, wobei diese Meinung noch durch die generelle Ablehnung des damals überwiegenden amerikanischen Filmangebots verstärkt wurde.

Dem von ihm gesehenen Niedergang des Kinos stellt Bernhard die wachsende Attraktivität des Theaters gegenüber: *Die Theater füllen sich allmählich wieder. Nicht nur die Reißerstücke erfreuen sich des Zuspruchs, nein, die gute und die klassische Literatur.* Die Jugend nehme wieder Anteil an den Bühnen, Anteil auch am Erfolg oder Mißerfolg von Schriftstellern, an ihren Werken. Ebenso beobachtet der Autor einen regelmäßigen Konzertbesuch der Jugend, sie setze sich mit Kunst auseinander. *Und damit hat sie einen Ausgangspunkt erreicht: Sie nimmt Anteil.* Auch die Bibliotheken würden von Jugendlichen aller Schichten besucht. *Darüber hinaus gibt es heute auch wieder eine künstlerisch schaffende Jugend, Schriftsteller, Maler, Komponisten, Architekten. Den Stillstand, den man nach dem Krieg als gegeben und selbstverständlich erachtete, hat es nie gegeben ...* Die Jugend habe nicht geschlafen. Sie habe gearbeitet, und sie arbeite mehr denn je. Sie habe es nicht leicht, sie müsse einen harten Kampf ausstehen und durchhalten. Sie müsse Herr werden über den Dünkel, der die Menschen beherrsche, die Ich-Sucht und das Unverständnis gegenüber der neuen Zeit. Sie müsse Herr werden über den 'Wahn einer verlorenen, abgrundtiefen Welt' ...

Schließlich wendet sich Bernhard einem *besonderen Kapitel*, der Stellung der Jugend gegenüber der modernen Kunst, moderner Literatur und Malerei zu. Es bestehe ein natürliches Interesse, *kennenzulernen und zugleich zu verstehen.* Natürlich sei dabei streng zu unterscheiden nach Wert und Gewicht der modernen Kunst. Dies sei überaus schwer und setze Mut und Kenntnis voraus. Schließlich sei *nicht zu übersehen, daß sich mehr als jemals zuvor Scharlatanismus breit macht. Darum müssen wir uns mit unserer Kultur auseinandersetzen, das notwendige Gleichgewicht zu erhalten, das Verständnis in den verschiedensten Sparten. Und der Klassik schenken wir die nötige Hochachtung.*

Anschließend beklagt Bernhard das mangelnde Vertrauen gegenüber der Jugend: *Wenn von der 'heutigen Jugend' gesprochen wird, verschwinden die Köpfe unserer Familien und Großmütter in den Mantelkrägen. Ein ungeheueres Vorurteil lastet auf unserem Rücken. Wir müssen es abschütteln, mit aller Gewalt, und uns auch nicht scheuen, jedem unsere Meinung zu sagen.*

In dieser Philippika für die Jugend, in seiner Beweisführung vor allem, schöpft Bernhard aus eigenem Empfinden und eigenen Erfahrungen mehr als aus objektiven Fakten. Es hat damals weder wissenschaftliche Meinungsforschung noch exakte soziologische Untersuchungen über Situation und Bewußtsein der Jugend gegeben, sodaß Bernhard auf seine subjektive Sicht und auf die Erfahrungen seiner engsten Umgebung, vor allem der Studentenschaft des Mozarteums, angewiesen war.

Noch ist diese Jugend weit entfernt von jener kritischen, mitunter gnadenlosen Rechenschaft, die die Jugend unserer Tage von den Vätern und Großvätern für ihre Schuld und Mitschuld an Faschismus und Krieg, für ihre allzu leichte Bereitschaft zum Verdrängen, zum Wegleugnen und Weglügen fordert. Noch wird die Haltung der Jugend der fünfziger Jahre von der nahezu widerspruchslosen Akzeptanz der elterlichen Wertvorstellungen, von einem fast rührenden Bemühen um Rechtfertigung gegenüber den Vorwürfen der Älteren bestimmt. Nur vereinzelt klingt der Wunsch nach Überwindung der Stagnation, nach Fortschritt an, aber ohne eine einzige Frage nach der Schuld an der Katastrophe zu stellen.

So wird dieser Artikel Bernhards zu einem interessanten Dokument des jugendlichen Bewußtseins der frühen fünfziger Jahre, das auch in seiner Bedrängnis voller Optimismus, noch ohne die von Schelsky später so anschaulich beschriebene Skepsis und noch weit entfernt von dem Aufbegehren der sechziger Jahre ist. Auch Bernhards persönliche Einstellung zu den Dingen des Lebens steht noch vor dem großen und tiefgreifenden Wandel ins pessimistische Dunkel, wie es zwölf Jahre später in seinem ersten großen Romanwerk "FROST" schockierend und schmerzlich spürbar wird.

Am 8. Juni 1953 läßt Thomas Bernhard in der Beilage des Blattes einen aggressiven Vorstoß zugunsten österreichischer Dichter mit heftiger Kritik an Buchhändlern und Verlagen folgen:

Nur ein einziger Scharfblick in das Fenster eines österreichischen Buchhändlers gibt uns eine Art Aufschluß über den Büchermarkt. Es wurde in den letzten Monaten viel und recht Gutgemeintes über die Förderung der österreichischen

Dichtung gesprochen und geschrieben ... Muß man erst nach München oder weiter hinausfahren, um unsere österreichische Literatur 'heimzufinden'? Die Schuld liegt zum Großteil bei den Buchhändlern selbst. Sie trügen zur Nichtbeachtung und Verbannung unserer Autoren bei. Sie sollten doch Bindeglied zwischen Autoren und Lesern sein und 'beratend' wirken ... In ihren Händen liege vielfach das Schicksal eines jeden neuen Werks ... Ihre Aufgabe wäre es, den Leser nachdrücklich auf die wertvollen inländischen Bücher hinzuweisen ... Der heutige Durchschnittsleser sehe seit Jahren nichts mehr als eine Flut von ausländischen Titeln, Autorennamen und Massenprodukten. ...

In seiner mit vollem Namen gezeichneten Parteinahme verkennt Thomas Bernhard den großen Nachholbedarf des österreichischen Lesers, dem rund zwanzig Jahre lang das deutsche Exil-Schrifttum und die neuere englische, amerikanische und französische Literatur vorenthalten worden waren, und er will auch die zwangsläufige, wenn auch vorübergehende Diskreditierung der in den vorangegangenen Jahren so gründlich mißbrauchten "Heimatliteratur", auf die er sich ja in seiner "Fehlanzeige" besonders beruft, nicht wahrhaben.

Dennoch darf sich Thomas Bernhard bereits am 11. Juni 1953 über einen Erfolg seiner Kritik freuen. Unter dem Titel "UNSERE DICHTER SIND WIEDER DA!" hat er Positives zu berichten: *Nun sind sie wirklich da – die österreichischen Dichter. Seit Mittwoch vormittag kann man sie in Form geschmackvoller Bände in einem eigens für sie ausgestatteten Schaufenster der Buchhandlung Höllriegl bewundern ... Wer hätte das gedacht? Wie wir hören, ist die Reformation dieses Buchhandlungs-Schaufensters auf unseren montägigen Artikel zurückzuführen ... Daß es nicht bei diesem einen 'österreichischen' Fenster bleibe, wollen wir hoffen..."*

Den späteren Widerspruchsgeist läßt auch eine Polemik Bernhards gegen die damals noch recht neue Publikationsform des billig broschürten Taschenbuchs ahnen, gegen die er unter dem journalistisch hervorragenden Titel "DIE RO-RO-RO-KOST SCHMECKT NICHT MEHR" vom Leder zieht: *Es ist noch keine drei Jahre her, als auf dem deutschen Büchermarkt die kleinen scheckigen und verblüffend billigen Büchlein des Ernst Rowohlt-Verlags erschienen. Eine neue Zeit des deutschen Buches schien hereingebrochen,* bald darauf habe es auch die Taschenbücher des Fischer-Verlags gegeben.

Aber dann behauptet Bernhard, aus Gesprächen mit deutschen Verlegern erfahren zu haben, daß der Absatz der billigen Kleinbuchreihe stocke. Und nicht nur dies: In den Auslieferungslagern häuften sich die Hemingways, Colettes, Franks, Sinclairs und Einsteins zu Bergen. Es werde von Übersättigung gesprochen, weil sich der Lebensstandard erhöht und der Leser deshalb wieder mehr dem guten, haltbaren Buch zugewendet habe. Hingegen weiß Bernhard, daß der Absatz der Insel-Bücher, *dieser alten und jungen Einrichtung,* wieder steige. Zum *Feinen und Köstlichen* zählt Bernhard auch eine neue Kleinbuchreihe des Rainer Wunderlich-Verlags in Tübingen. Was man in Österreich noch gar nicht spüre, das sei in Deutschland nichts Neues mehr: *Die Leser wollen die Ro-Ro-Ro-Kost nicht mehr!*

Bernhards Polemik gegen die billigen Taschenbücher – lagen ihr etwa persönliche Verlagserwartungen zugrunde, als er sich vor den Wagen eines von Rowohlts Konkurrenten spannen ließ? – beruhte jedoch auf einer Fehlinformation. Am 16. November mußte das "DEMOKRATISCHE VOLKSBLATT" eine Erwiderung des Rowohlt-Verlags in Hamburg mit Verkaufszahlen bringen: *Seit Juni 1950 wurden 7,5 Millionen Rowohlt-Kleinbücher gedruckt und bis Oktober 1953 7,2 Millionen verkauft – bei steigender Tendenz des Absatzes!*

Die Erwiderung Rowohlts ist mit einer ungezeichneten, aber wohl von Josef Kaut stammenden Replik der Redaktion versehen: *An sich ist der Absatz der Kleinbuchreihen, so weit sie wertvolle Literatur bringen, durchaus begrüßenswert. Der Einwand betrifft hauptsächlich die Tatsache, daß sie ja nur bereits erfolgreiche Bücher bringen. Die Bestseller werden in Massen verbreitet, die neue Literatur aber wird daneben übersehen.*

Wenige Jahre später haben sowohl Bernhard als auch Kaut ihren Frieden mit dem Taschenbuch geschlossen. Zahlreiche Bücher Bernhards und eines von Kaut haben dann ja im billigen Kleinformat ein Massenpublikum gefunden. Mir scheint in der Geringschätzung des billigen Taschenbuchs durch Bernhard der Einfluß einiger Deutschlehrer des Humanistischen Salzburger Gymnasiums nachzuwirken, denen auch ich als Schüler begegnet bin und die sich in der Gegenüberstellung von gutem, gebundenen deutschen Buch mit Lederrücken und "mieser" französischer Broschürenliteratur nicht genug tun konnten.

Am 10. April 1954 hatte Clemens Holzmeister im Ingenieur- und Architektenverein einen großen Vortrag zum Thema "DREIKLANG DER KÜNSTE", über das Verhältnis zwischen Architektur, Bildhauerei und Malerei gehalten und dabei zum ersten Mal seine Überlegungen für ein neues Festspielhaus in Salzburg zur Diskussion gestellt. Bernhard ergriff die Chance, sich mit Verve in die Debatte zu stürzen, die jahrelang die kulturpolitische Szene Salzburgs beherrschen und Stadt und Land in zwei einander fanatisch bekämpfende Lager teilen sollte. Der Ausgang des Streits ist bekannt. Die Idee des Großen Festspielhauses hat sich durchgesetzt, die Salzburger Festspiele wären ohne dieses Haus nicht mehr denkbar, auch wenn heute Holzmeisters Breitwandbühne – den Cinemascope-Vorstellungen der fünfziger Jahre entsprungen – den Regisseuren noch immer Kummer bereitet und gerade die Realisierung der unverzichtbaren großen Mozart-Opern vor riesige Probleme stellt.

Am 12. April 1954 jedenfalls konstatiert Thomas Bernhard, *daß ein neues Festspielhaus in Salzburg nicht spruchreif ist.* Und er findet gute Gründe dafür: ... *Vor allem drängt sich die Frage auf, für welche Aufführung der Kolossalbau gedacht ist. Für die Mozart-Opern, die ja Inhalt der Festspiele sind und sein sollen, wäre ein Holzmeister'sches Riesenhaus undenkbar, eine stilvolle Kammerbühne am geeigneten Platz aber das beste für uns und die Besucher aus aller Welt. Dazu haben wir noch die einmalige*

Bühne der Felsenreitschule und als Haus für das Sprechtheater das derzeitige Festspielhaus in früherer salzburgisch-mystischer Form, befreit vom gesichtslosen Mantel eines besseren Kinos ...

Diese klare Haltung Bernhards entsprang ganz ohne Zweifel eigenen Überlegungen, die sich jedoch mit der Auffassung Josef Kauts, der ja bereits Mitglied des Direktoriums der Festspiele war, aber in dieser Frage auch die Linie der Sozialistischen Partei Salzburgs bestimmte, vollständig deckten. Die Salzburger SPÖ sprach sich damals vor allem mit dem Argument gegen die Holzmeister-Pläne aus, daß ein solch riesiger Bauaufwand für ein elitäres Kultur-Spektakel wie die Festspiele angesichts der noch immer herrschenden Kriegszerstörungen und ganz besonders der riesigen Wohnungsnot in der Stadt nicht zu rechtfertigen sei. Aber auch aus künstlerischen Überlegungen – ein so großes Haus sei ungeeignet für Mozart – wandten sich die Sozialisten gegen das Vorhaben. Überdies sprachen sie Holzmeister einen Monopolanspruch auf alle Festspielbauten ab und forderten die Heranziehung auch anderer Architekten, die ebenfalls Überlegungen über die künftige bauliche Gestaltung der Festspielstätten anstellen sollten.

So richtig die Prophezeiung Bernhards, daß ein großes Festspielhaus für Mozart nicht geeignet sei, auch gewesen ist – mit seiner Meinung, daß das alte Festspielhaus für das Sprechtheater geeignet sei, hat er bis heute unrecht behalten. Gerade die mangelnde Eignung des heute "Kleines Festspielhaus" genannten alten

Baues für das Sprechtheater war ja für Clemens Holzmeister noch in seinen letzten Lebensjahren der Anlaß gewesen, sich mit geradezu unvorstellbarer Energie für den Umbau einzusetzen: Durch eine Verkürzung des Zuschauerraumes sollte das Haus eine neue, auch für das Schauspiel geeignete Dimension gewinnen.

Viel stärker als der Wunsch Thomas Bernhards nach einer *stilvollen Kammerbühne,* vielleicht von den Visionen eigener künftiger dramatischer Arbeiten geleitet, war der ständig steigende, nur durch eine wesentliche Erweiterung des Platzangebots zu befriedigende Publikumsandrang gewesen. Den Ausschlag aber hat der Wille Herbert von Karajans gegeben, der damals seine zukünftigen Rieseninszenierungen italienischer und Wagner-Opern im Auge hatte.

Der Widerstand der Sozialisten gegen das große Festspielhaus Holzmeisters ist schließlich durch die Bereitschaft zur Erfüllung ihrer wesentlichsten Forderung überwunden worden, nämlich genau so hohe Mittel des Landes für den Wohnbau zur Verfügung zu stellen, wie der Neubau erfordern sollte. Dies war die Geburtsstunde der Salzburger Wohnbauförderung gewesen.

Aufgeweicht aber wurde die Haltung der SPÖ vor allem durch das Argument Holzmeisters und des damaligen Landeshauptmannes Klaus, daß sich die von den Sozialisten geforderte Öffnung und damit "Demokratisierung" der Festspiele nur mit den zusätzlichen zweitausend Sitzplätzen des neuen Hauses erreichen lassen würde.

Solche Überlegungen, das Ziel einer Öffnung und "Demokratisierung" elitären Theaters, die dann in den siebziger Jahren die gesamte Theaterdiskussion beherrschen sollten, sind Thomas Bernhard damals und wohl auch später vollkommen fremd gewesen.

Gerade bei Betrachtung der kulturpolitischen Aufsätze können wir feststellen, daß sich der junge Thomas Bernhard innerhalb sehr kurzer Zeit in der Hierarchie der Redaktion des "DEMOKRATISCHEN VOLKSBLATTS" vom blutigen Anfänger und journalistischen "Laufburschen" zu einem recht gewichtigen und wohl auch ein wenig gefürchteten Kritiker in den lokalen Kulturkreisen, ja zu einem zeitweise geradezu meinungsbildenden Kommentator entwickelt hat.

Dieser Umstand ist uns als "Zeitgenossen" Bernhards in der Redaktion kaum bewußt geworden. Er wird erst durch eine gründlichere, zusammenfassende Betrachtung von Bernhards journalistischen Arbeiten in einem Zeitraum von drei Jahren sichtbar.

Thomas Bernhard hat sich später von seinen ersten Versuchen in einem schreibenden Beruf weitgehend distanziert. In einem der Gespräche mit Kurt Hofmann hat er seine Artikel im "DEMOKRATISCHEN VOLKSBLATT" als *Schmarrn* bezeichnet. Wohl aber gibt er zu, daß es ihm damals Befriedigung bereitet habe, beim Frühstück diesen Schmarrn zu lesen. Denn: *Damals war ich eigentlich nicht überzeugt, daß es ein Schmarrn.*[29]

Die Trennung

Mit Jahresende 1954 hat Thomas Bernhard seine Arbeit für das "DEMOKRATISCHE VOLKSBLATT" beendet. Er war in der Redaktion einfach nicht mehr erschienen, und wir hatten damals über diese für ihn doch recht schmerzliche Preisgabe einer Veröffentlichungs- und vor allem Verdienstmöglichkeit gerätselt, ob sie auf eine seiner oft unvorhersehbaren emotionellen Reaktionen oder ganz einfach auf eine Intensivierung des Studiums am Mozarteum zurückzuführen war.

In den schon öfter zitierten Gesprächen mit Kurt Hofmann kann man nachlesen, wie es wohl tatsächlich gewesen ist: *Eines Tages komm' ich hin, da sagt der Kaut: 'Also jetzt geht das nimmer so, jetzt müssen wir zur Partei gehen. Also, ich mein', so eine sozialistische Zeitung und nichts, das gibt's nicht.'* Da habe ihn Kaut, *so wie ein Onkel*, bei der Hand genommen und ihn in das benachbarte Büro des Parteisekretärs, des nachmaligen Bürgermeisters Heinrich Salfenauer geführt.

Ich hab' mir gedacht, ist mir ganz wurscht, jetzt geh' ich halt zur Partei ... und hab' das alles unterschrieben, und damit war die G'schicht erledigt. Dann aber seien ihm doch Bedenken gekommen: *Das war so eine momentane Handlung ohne Hirn, und darum war mir das irgendwie ungut, das G'fühl.* Und am nächsten Tag habe er dann das Parteibuch genommen und an den Landeshauptmann-Stellvertreter Peyerl geschickt: *das war auch ein Roter, der auch in Aiglhof g'wohnt hat.* Dem habe er geschrieben, daß er eigentlich vom Sozialismus nichts halte und sein Beitritt eigentlich ein Blödsinn gewesen sei: *Ich schick' das wieder zurück, und die G'schicht hat sich. Dann hab' ich mich nicht mehr hingeh'n getraut zum Kaut, und da waren ... meine ganzen neunzig Schilling am Tag hin.*[30]

Ich halte dies für die glaubwürdigste der mitunter differierenden Schilderungen Bernhards über das Ende seiner Arbeit für Salzburgs sozialistische Tageszeitung. Mein eigener Beitritt zur Sozialistischen Partei hat sich, aus freiem Willen, aber doch mit dem väterlichen Nachdruck Josef Kauts, auf recht ähnliche Weise begeben. Im Kreise der Redaktionskollegen ist Thomas Bernhard niemals auch nur der sanftesten politischen Pression ausgesetzt gewesen. Ich erinnere mich nicht, überhaupt jemals mit ihm politische Fragen diskutiert zu haben. Uns hat es genügt, mit Bernhard einen sozialen Grundkonsens festzustellen. In seiner Arbeit haben wir ihm ideologisch vollkommen freie Hand gelassen. Das hat es ihm möglich gemacht, zum Beispiel Auffassungen zur Tradition zu vertreten, die nicht unbedingt auf der Linie des Blattes lagen.

Mir scheint heute, daß der Gewinn, den Thomas Bernhard aus seinen drei journalistischen Lehrjahren beim "DEMOKRATISCHEN VOLKSBLATT" gezogen hat, nicht unerheblich war und daß diese Jahre seine weitere Entwicklung maßgebend beeinflußt haben. Die vielseitigen Aufträge ermöglichten es ihm, eine Fülle differenzierter Kenntnisse und Erfahrungen, auch im Umgang mit Menschen und den Problemen ihres Alltags, zu sammeln. Auch hat er Routine im Schreiben gewonnen und sich – unter Druck des oft genug unwillig reagierenden jeweiligen Redakteurs – die Neigung zu grammatikalischen Fehlern weitgehend abgewöhnt. Zwar mag es ihn

Mühe gekostet haben, sich den im Tagesjournalismus üblichen knappen, in kurzen Sätzen manifestierenden Stil anzueignen. Aber vielleicht hat ihn gerade diese Herausforderung, dieser Zwang zu einer im Grunde wesensfremden Form des Ausdrucks, in der Entwicklung seines so ganz anders gearteten persönlichen Diktums gefördert. Vor allem aber hat er im täglichen legeren Umgang mit Journalistenkollegen, durch Publikationserfolge und wohl auch das selbst dem jüngsten Journalisten bewußt werdende Gefühl einer gewissen Macht über andere Menschen, Sicherheit im Auftreten und Selbstgefühl gewonnen.

Der aus politischen Umständen resultierenden Entfremdung zu Josef Kaut und den Salzburger Sozialisten sollte schon nach wenigen Tagen eine andere politische Enttäuschung folgen. So sind Bernhards Versuche, mit seinen Beiträgen nunmehr bei den "SALZBURGER NACHRICHTEN" unterzukommen, wegen seiner vorangegangenen Tätigkeit bei dem sozialistischen Konkurrenzblatt gescheitert: ... *man ist halt immer hing'rennt, und die Leitenberger war damals stellvertretende Chefredakteurin, die jetzt schon Jahrzehnte bei der 'Presse' ist. Irgendwie hab' ich da schon zu kapieren ang'fangen. Sie hat g'sagt: 'Ah, zuerst spielt er Sozialist.' Irgendwie unmöglich, am Telefon gleich. Ich hab' mir gedacht, hab' mich gern, und hab' abgehängt.* [31]

Um der Wahrheit willen ist jedoch festzustellen, daß es auch damals bei den "SALZBURGER NACHRICHTEN" trotz ihrer dazumalen pointierten Rechts-Orientierung keinen generellen Ausschluß für sozialistische Mitarbeiter gegeben hat. So sind während meiner eigenen Redaktionszugehörigkeit beim "DEMOKRATISCHEN VOLKSBLATT" vier von uns ausgebildete Journalisten völlig konfliktfrei zu den "SALZBURGER NACHRICHTEN" gewechselt und dort zum Teil bis heute in führender Position tätig. Umgekehrt ist Professor Theodor Werner, der Lehrer Bernhards am Mozarteum, einst Musikkritiker der "SALZBURGER NACHRICHTEN", schon zu Bernhards Zeit in gleicher Funktion beim "DEMOKRATISCHEN VOLKSBLATT" in Erscheinung getreten.[32]

Nachbeben

Als die Parteipolitik in einer wenig taktvollen, aber wohlgemeinten Art nach Thomas Bernhard gegriffen hatte, entzog er sich ihr – unter allzu eiliger Preisgabe seines bisherigen Arbeitsfeldes. Fast vierzehn Jahre später sollte sie ihn, weniger harmlos diesmal, in Salzburg wieder einholen. Die Urheber der Attacke hatten dabei gewiß nicht nur den konkreten Anlaß im Auge. Sie hatten Thomas Bernhard auch als einstigen Mitarbeiter des sozialistischen "DEMOKRATISCHEN VOLKSBLATTS" in Erinnerung. Mit der von ihnen geplanten Bloßstellung wollten sie nicht nur den Schriftsteller Bernhard, sondern auch den vermeintlichen Sozialisten treffen, gleichsam zum Beweis dafür, daß die "Roten" in ihrem innersten Herzen noch immer die alten "vaterlandslosen Gesellen" geblieben waren.

Am 24. April 1968 richteten die Abgeordneten Illmer, der damalige Bürgermeister der Gemeinde Pfarrwerfen im Pongau, Erber aus Werfen, der ebenfalls im Pongau gewählte Pongruber, Spann und Genossen an den Landeshauptmann Dr. Lechner eine Anfrage *betreffend die Zuerkennung des Österreichischen Staatspreises an den Schriftsteller Thomas Bernhard.* Darin heißt es wörtlich: *Die Verleihung des Österreichischen Staatspreises an den Schriftsteller Thomas Bernhard für seinen Roman 'Frost' hat in Rundfunk und Fernsehen, in Leserzuschriften und besonders in der Salzburger Bevölkerung zu kritischen Stellungnahmen geführt. Wiener Pressemeldungen zufolge erlaubte sich der Staatspreisträger bei der Überreichung von 25 000 Schilling in seiner von Überheblichkeit gezeichneten Rede grobe Anklagen gegen seine Heimat Österreich. Was sich jedoch Bernhard im 'Frost' zu schreiben erlaubt, ist eine Beleidigung eines Teils der Salzburger Bevölkerung, die nicht hingenommen werden kann, weil sich jeder Salzburger zutiefst betroffen fühlen muß.*

Gleich auf der ersten Seite des Buches berichtet Bernhard von Arbeitern und Arbeiterinnen sowie von Schneeschauflern in der Gegend von Sulzau, die Tieren gleiche Ausdünstung 'warm wie in einem Kuhbauch' haben. Später wird von einer Salzburger Ortschaft erzählt, welche ansonsten als Paradies von Salzburg bezeichnet wird, wo aber Bernhard von einer Landschaft spricht, die, weil von solcher Häßlichkeit, Charakter hat. Und die Menschen dort sind alle, weil im Rausch gezeugt, weder geistig noch körperlich normal. Mehrere, noch anstößigere Aussagen lassen sich aus diesem Buch zitieren. Hier erhebt sich die Frage, wie es trotz dieser in der Literatur der Gegenwart einzig dastehenden Entgleisungen und Brüskierungen eines Teiles der Salzburger Bevölkerung möglich war, Herrn Bernhard den Österreichischen Staatspreis zu gewähren?

Auf Grund dieser "Herausforderung„ stellen die unterzeichneten Abgeordneten an den Landeshauptmann die Anfrage: *Ist der Herr Landeshauptmann bereit, beim Bundesministerium für Unterricht gegen diese Beleidigung eines Teiles der Salzburger Bevölkerung Protest einzulegen und zu intervenieren, daß in Zukunft solche Werke keine öffentliche Anerkennung mehr erfahren?*

Die Antwort des Landeshauptmanns auf diese bestellte parlamentarische Anfrage erfolgte am 29. Mai 1968:

In Beantwortung der an mich in der Landtagssitzung vom 24. April l. J. gerichteten Anfrage der Abgeordneten Illmer, Erber, Pongruber, Spann und Genossen, betreffend die Zuerkennung des Österr. Staatspreises an den Schriftsteller Thomas Bernhard, erlaube ich mir, dem Hohen Haus folgendes mitzuteilen:

Ich habe mich bereits vor der gegenständlichen Landtagsitzung am 19. März l. J. veranlaßt gesehen, in einem persönlich an den Herrn Bundesminister für Unterricht gerichteten Fernschreiben gegen die Verleihung des Österr. Staatspreises an den genannten Schriftsteller zu protestieren, nachdem ich von verschiedenen Seiten, unter anderem auch vom Jugendreferat des Amtes der Landesregierung, auf den für einen Teil der Salzburger Bevölkerung beleidigenden, wahrheitswidrigen und herausfordernden Inhalt seines Buches 'Frost' aufmerksam gemacht wurde.

Im weiteren geht nun Landeshauptmann Dr. Lechner auf die Reaktion des Bundesministers Dr. Piffl-Perčevič ein, wohl nicht ahnend, daß er damit ein bemerkenswertes Dokument zur Kulturpolitik in der Zeit der ersten österreichischen Allein-Regierung enthüllen würde: *Wie mir der Herr Unterrichtsminister in einer Stellungsnahme hierzu in einem Schreiben vom 22. März mitteilt, ist die Entscheidung über die Verleihung bzw. Aushändigung des Österreichischen Staatspreises an den genannten Autor bereits schon vor längerer Zeit erfolgt, nachdem die zuständigen Juroren offenbar in gänzlicher Unkenntnis der örtlichen Gegebenheiten und in Gesamtwertung der künstlerischen Leistung diese Auszeichnung stimmeneinhellig vorgeschlagen hätten.*

Ich habe über diesen erfolgten Protest hinaus die gegenständliche Anfrage nochmals zum Anlaß genommen, den Herrn Unterrichtsminister darauf aufmerksam zu machen, daß im Inhalt dieses Buches, ungeachtet der sonstigen künstlerischen Qualifikation, eine echte Beleidigung eines Teiles der Bevölkerung unseres Landes gesehen werden muß, die die Zuerkennung eines Staatspreises ausschließen sollte. Zumindest in Zukunft sollte die Gefahr vermieden werden, daß solche Werke mit Staatspreisen bedacht werden. Ich bitte, Hohes Haus, diese meine Ausführungen zum Gegenstand zur Kenntnis nehmen zu wollen.[33]

Wie dem Protokoll weiter zu entnehmen ist, wurde diese Anfragebeantwortung des Landeshauptmanns Dr. Lechner ohne weitere Wortmeldung von allen Parteien zur Kenntnis genommen. Auch der anwesende Kulturreferent der Landesregierung, Landesrat Josef Kaut, hat zu dieser bis dahin einzigartigen kulturpolitischen Aktion der ÖVP im Salzburger Landtag und vor allem zu der flauen, sich von der eigenen Preisentscheidung distanzierenden – der Minister ist bei der Zuerkennung von Staatspreisen keinesfalls an den Jury-Vorschlag gebunden! – Antwort des Unterrichtsministers Piffl-Perčevič keine Stellung genommen.

Die Antwort darauf hat das "DEMOKRATISCHE VOLKSBLATT" am 30. Mai 1968 in einer von mir verfaßten Glosse mit dem Titel "KULTURPOLITIK" gegeben: *Der Schriftsteller Thomas Bernhard hätte von der Verleihung des Staatspreises für Literatur ausgeschlossen werden müssen, weil sein Roman 'Frost', der bekanntlich Anlaß zur Auszeichnung gewesen ist und längst internationale Aner-*

kennung gefunden hat, als 'eine echte Beleidigung eines Teils unserer Bevölkerung angesehen werden muß'. Dies erklärte Landeshauptmann Dr. Lechner gestern im Landtag auf eine Interpellation der ÖVP-Abgeordneten Illmer, Erber, Pongruber. Auf der gleichen Linie bewegt sich der FPÖ-Abgeordnete Krüttner. Er kritisierte die Weigerung des Festspielkuratoriums, das Große Haus für Vico Torrianis 'Goldenen Schuß' zur Verfügung zu stellen, mit dem Hinweis, daß darin sehr wohl Alban Bergs Oper 'Wozzek' aufgeführt worden sei. – Wollten Wien und München dem Beispiel der beiden Salzburger Politiker folgen, müßte Bürgermeister Marek Karl Kraus wegen 'echter Beleidigung' eines Teils der Wiener Bevölkerung auf den Index setzen und das Haus der Kunst seine Hallen den Tegernseer Schuhplattlern öffnen. Aber keine Angst. Sich vor aller Welt zu blamieren werden die österreichische und die bayerische Metropole gewiß der Kultur- und Festspielstadt Salzburg überlassen, in der die christlichsoziale Kulturpolitik des Herrn Gemeinderats Biehlolawek ('Wann I a Büachl siach, hab' I schon gfressen!') derzeit fröhliche Urständ' feiert.

Die Salzburger ÖVP hat mir im weiteren Verlauf der Auseinandersetzung über Thomas Bernhard vorgeworfen, diesen "Nestbeschmutzer" nur deswegen verteidigt zu haben, weil er Sozialist sei. In der Replik habe ich – übrigens ohne Kenntnis der kurzen Parteizugehörigkeit Bernhards oder seines Parteiaustritts – klargestellt, daß ich einen pessimistischen Autor wie Thomas Bernhard nicht für einen Sozialisten halten könne, denn Sozialismus sei eine positive und optimistische Weltanschauung. Offenbar gehe es gewissen konservativen

Kulturpolitikern nicht in den Kopf, daß ich nicht den "Sozialisten" Bernhard, sondern die Freiheit der künstlerischen Äußerung verteidigte.

Die Staatspreis-Affäre des Thomas Bernhard hat nicht nur die Pfosten jener Tür zum Weißen Saal des Unterrichtsministeriums erbeben lassen, die Minister Piffl in einem Wutausbruch zugeworfen hatte, auch im Landtagssitzungssaal im Salzburger Chiemseehof hatte es eine, allerdings wohlkalkulierte "Erregung" der empörten Volksseele gegeben. Sie hatte, wie man heute weiß, einen staunenswert langen Atem. Sein übler Geruch war noch nach zwanzig weiteren Jahren auf dem Heldenplatz in Wien zu spüren.

* * *

Veröffentlichungen Thomas Bernhards
im "Demokratischen Volksblatt"
1952–1955

Gerichtssaal-Berichte:

1. EIN LIEBEVOLLER GATTE – 24.1.1952
2. VERDÄCHTIGT UND ENTLASSEN ... – 24.1.1952
3. UM FÜNF KILO KAFFEE – 30. 1.1952
4. FASCHINGSABENTEUER IM CAFE GROSSGLOCKNER – 25.2.1952
5. RUSSEN CONTRA GNIGLER – 29.2.1952
6. STREIT UM DIE IDENTITÄT DES TOTEN – 11.3.1952
7. SERNEC – PROZESS AUF HOCHTOUREN (FORTS.) – 12.3.1952
8. FOLGENSCHWERER FASCHINGSSCHERZ – 18.3.1952
9. ZWEI KILO MANDARINEN – 22.3.1952
10. WENN BESCHULDIGTER UND GLÄUBIGER RAUFEN – 25.3.1952
11. DIE COLT-BANDE – 26.3.1952
12. LIEBE UM 30 DOLLAR – 27.3.1952
13. DER EXECUTOR KOMMT – 27.3.1952
14. ZUM SIEBENTEN MALE ... – 2.4.1952
15. DAS ERSATZFAHRRAD – 2.4.1952
16. HOLZDIEBSTAHL AUF EIGENEM GRUND – 3.4.1952
17. KÖNIG DER LANGFINGER – 4.4.1952
18. RINGKAMPF MIT KRIMINALBEAMTEN – 4.4.1952
19. MENSCHEN IM HOTEL – 4.4.1952
20. NACHBARN IM KALTEN KRIEG – 10.4.1952
21. DER BRÄUSTÜBLDIEB – 10.4.1952
22. EIN UNVERSTAND – ZWEI DIEBE – 11.4.1952
23. ZWEI "MORDE" UND KEIN GELD – 12.4.1952
24. EIN MÄDCHENHELD – 12.4.1952
25. MARDERJAGD IN DER MENSCHERKAMMER – 16.4.1952
26. JOHANN UND DIE LOCKEREN FRANKFURTER – 16.5.1952
27. SIE BRAUCHT EINE GROSSE WOHNUNG – 16.5.1952
28. DIE NARRISCHE NANDL – 17.5.1952
29. DER RETTENDE HUNDERTER – 20.5.1952
30. HEISSE LIEBE ODER KUPFERDACHL – 26.5.1952
31. WILDWESTMANNS GLÜCK UND ENDE – 28.5.1952
32. WIR WOLLTEN EIN HÄUSCHEN BAUEN ... – 6.6.1952
33. DIE HENKERSMAHLZEIT – 11.6.1952
34. PARTISANENKRIEG IM WIRTSHAUS – 11.6.1952
35. RAUH ZOG AUS DAS FÜRCHTEN ZU LERNEN – 27.6.1952
36. EIN AMBITIONIERTER FAHRRADDIEB – 30.6.1952

37. Leichtes Mädchen schwer bestraft – 5.7.1952
38. Ein paar saure Zuckerl – 6.7.1952
39. Hochzeitsfeier und die Folgen – 7.7.1952
40. Im Gerichtssaal bei Höchsttemperatur – 9.7.1952
41. Friedrich der Kettensitzer – 11.7.1952
42. Angela hat noch Glück gehabt – 11.7.1952
43. Die ausgehungerte Rehgeiss – 17.7.1952
44. Wenn man bei Amalia fensterlt – 18.7.1952
45. Komplettes Badezimmer mitgenommen – 18.7.1952
46. In Genua verhaftet –in Salzburg verurteilt –19.7.1952
47. Rudolf Vondre, 19 Jahre alt … – 19.7.1952
48. Er hatte gerade kein Kinogeld –23.7.1952
49. Kleiner Mann einmal ganz gross – 23.7.1952
50. Die Lampenschützen – 23.7.1952
51. Kippensammler – 1952
52. Kleine Fälle … – 31.7.1952
53. Das kupferne Mozarteum-Dachl – 1.8.1952
54. Der verkannte Dieb – 26.8.1952
55. Fünf Minuten vor zwölf – 28.8.1952
56. Zwei Monate für Bernhard Klabacher – 19.9.1952
57. Eine bäuerliche Tragödie – 19.9.1952
58. Ein enthüllendes Zeitbild – 23.9.1952
59. Betrug an einer alten Toilettenfrau – 23.9.1952
60. Die neue Schwurgerichtssaison – 26.9.1952
61. Versaufen ist besser als wechseln – 26.9.1952
62. Ein ganz 'besonderer' Freund – 26.9.1952
63. Mit 19 Jahren … 27.9.1952
64. Die Notlage – 1.10.1952
65. … zum Betrüger geworden – 1.10.1952
66. Die eigene Frau entführt – 4.10.1952
67. Des Schleifers Pech – 4.10.1952
68. Blasius und das Flügelhorn – 4.10.1952
69. Kaum der Mühe wert – 4.10.1952
70. Schwachsinniger erschiesst vierjähriges Kind – 7.11.1952
71. So ein Feuerwehrball … – 24.11.1952
72. Ein liebevoller Ehemann – 12.3.1953
73. Neun Monate für Kindesentführung – 12.3.1953
74. Eine handfeste Lehrmethode – 9.4.1953
75. Hermann, der K.O.-Sieger – 27.4.1953
76. Sie stahl dreizehn Fahrräder … – 20.5.1953
77. Ladendiebin aus Not – 22.5.1953
78. Wilderer in Lungau – 22.5.1953
79. Eine besoffene Geschichte – 22.5.1953

80. Josefas Schicksalsfensterl – 26.5.1953
81. Die Folgen von Rauschgift – 12.6.1953
82. Zehnkampf in Lehen – 12.6.1953
83. Joseph und Potiphar auf dem Dorfe – 3.7.1953
84. Revolte bei Wirtin Marcella – 3.7.1953
85. Ins Handwerk gepfuscht – 8.7.1953
86. Den fünfjährigen Bruder zum Diebstahl verleitet – 10.7.1953
87. Ein fremder Rehbock – 23.7.1953
88. Schafskopf Sie ... – 4.8.1953
89. Eine schlagartige Festnahme – 6.8.1953
90. Gastspiel im Landesgericht – 6.8.1953
91. Kreszenzias Butterstriezeln – 6.8.1953
92. Ernestine contra Lucie – 7.8.1953
93. Die urgrossväterliche Eiche – 7.8.1953
94. Die Vroni ist an allem schuld – 8.8.1953
95. Fräulein als Ladendiebin – 12.8.1953
96. So etwas war noch nicht da – 14.8.1953
97. Die gekränkte Wirtin – 17.8.1953
98. Streit im Hinterhof – 6.10.1953
99. Schwiegermütter sind nichts Neues – 7.10.1953
100. Der Pinzgauer Attentäter vor Gericht – 8.10.1953
101. 116 000 Schilling veruntreut und verzecht – 8.10.1953
102. Sieben Neger und Veronika – 9.10.1953
103. Der Maxl schlief sein Räuscherl aus – 9.10.1953
104. Josef Duftbergers Missgeschick – 8.12.1953
105. Die Schlauheit Oswaldos – 18.21.1953
106. Fazit einer Vorstadtehe – 18.2.1954
107. Toto-Hansl und der 12er – 24.2.1954
108. Als das Geld zur Neige ging – 26.2.1954
109. Mariechen machte Dollars – 26.2.1954
110. Ein Innviertler Freundschaftsspiel – 4.3.1954
111. Drei Autos stehn in Mailand – 9.3.1954
112. Alle Wege führen nach Parsch – 13.3.1953
113. Geschäfte mit Brueghel – 15.4.1954
114. Zahlt sich das aus? – 12.6.1954

Lokalberichte:

1. Mit Retorte und Filter gegen Pantscher (Th.B.) – 8.2.1952
2. Schicksale am Hauptbahnhof (Th.B.) – 10.3.1952

3. START NACH ZENTRALAFRIKA – PROF. ZWILLING NACH AFRIKA ABGEREIST – 19.3.1952
4. NICHT VERGESSEN: RICHTIG ESSEN! – 9.4.1952
5. DER MANN AUF DER BRÜCKE (Th.B.) – 18.7.1952
6. HOTEL ZUR GRÜNEN WIESE – EIN BESUCH AUF DEM CAMPINGPLATZ IN AIGEN (Th.B.) – 4.8.1952
7. DEINE MEINUNG, LIEBER FREMDER (Th.B.) – 6.8.1952
8. AUF DER DULT (Th.B.) – 16.9.1952
9. ALTE HÜTE UND DIVERSES – BEI EINER VERSTEIGERUNG IM DOROTHEUM (Th.B.) – 6.11.1952
10. RUNDGANG DURCH DIE TANTALHÖHLE (Th.B.) – 10.11.1952
11. VOR UND HINTER DEN KULISSEN (Th.B.) – 27.11.1952
12. WAS BRAUCHT EIN KIND ZUM LEBEN? (Th.B.) – 4.12.1952
13. BAHN FREI FÜR E 94002 – HOCHBETRIEB AM BAHNHOF SEEBERG DES SALZBURGER MODELLEISENBAHNKLUBS – 5.12.1952
14. TIERE ALS DANKBARE FILMSTARS (Th.B.) – 7.2.1953
15. FRÜHLINGS-VOLKSTANZFEST AM 2.MAI (Th.B.) – 27.2.1953
16. VON DEN PYRAMIDEN BIS ZU BASILIKEN (Th.B.) – 6.3.1953
17. EINE KLEINE REISE – MIT DER ROTEN ELEKTRISCHEN NACH OBERNDORF (Th.B.) – 26.6.1953
18. DIE ZEITEN ÄNDERN SICH (Th.B.) – 27.6.1953
19. IN DER URALTEN SALZSTADT HALLEIN (Th.B.) – 9.7.1953
20. FREISTIL-IMPRESSIONEN VOM VOLKSGARTEN (Th.B.) – 10.7.1953
21. GUTER ALTER MÖNCHSBERG (Th.B.) – 13.7.1953
22. DAS GROSSE SPIEL KANN BEGINNEN (Th.B.) – 15.7.1953
23. VON WIRTSHÄUSERN, WIESEN UND FELDERN (Th.B.) – 22.7.1953
24. FESTLICHE TAGE – AM RANDE GESEHEN (Th.B.) –24.7.1953
25. WAS SAGEN SIE ZU DEN FESTSPIELEN? (Th.B.) – 27.7.1953
26. REICHENHALLER NOTIZEN (Th.B.) – 27.7.1953
27. DIE PIRATENSCHLACHT AUF DER SALZACH (Th.B.) – 28.7.1953
28. EIN JUNGER AMERIKANER IN SALZBURG (Thomas Bernhard) – 29.7.1953
29. DER ARME HERR JONAS (Th.B.) – 5.8.1953
30. "HERR OBER, FRISCHE BLÄTTER, ZWEIMAL...(Th.B.) – 24.8.1953
31. WÜRSTL-EPISODE (Th.B.) – 17.9.1953
32. KUNDE VOM FREIEN INDIEN (Th.B.) – 23.9.1953
33. LEPRA IST NOCH IMMER UNHEILBAR (Bericht über Paracelsustagung) (Th.B.) – 30.9.1953
34. SO SAH SALZBURG EINMAL AUS (Th.B.) – 9.10.1953
35. LICHTSTRAHL IM BARACKENLAGER – EIN BESUCH IN SALZBURGS JÜNGSTEM KINDERGARTEN (Th.B.) – 17.10.1953
36. ÜBER DIE MUNDART (TH.B) – 26.10.1953
37. DER STURM AUF DEM NANGA PARBAT (Th.B.) – 26.10.1953

38. IM TIEFEN KELLER DES UNTERSBERGS (Thomas Bernhard) – 7.11.1953
39. HEUTE, GENAU VOR FÜNFZIG JAHREN...(Thomas Bernhard) – 14.11.1953
40. SALZBURGER HERBSTIMPRESSIONEN (Th.B.) – 17.11.1953
41. DER ADVENT WIRD EINGEBLASEN (Th.B.) – 28.11.1953
42. SALZBURGER DEZEMBERFRÜHLING (Th.B.) –3.12.1953
43. RUND UM DAS CHRISTKINDL (Th.B.) – 9.12.1953
44. EUROPAMÜDE AUF DEM WEG NACH AUSTRALIEN – 11.12.1953
45. ALLES FÄHRT JETZT SKI (Th.B.) – 16.1.1954
46. DIE DAME MIT DEM FEDERHUT – 3.2.1954
47. HEIMATPFLEGE IN GUTEN HÄNDEN (Th.B.) – 22.2.1954
48. BADGASTEIN – AUCH WENN MAN NICHT DIE GICHT HAT (Th.B.) – 24.2.1954
49. MIT DEM FLOSS SALZACHABWÄRTS (Th.B.) – 5.3.1954
50. 111 – BRAND AUF DER FESTUNG (Th.B.) – 9.3.1954
51. MIT DER AKTENTASCHE UM DIE WELT (Th.B.) – 9.4.1954
52. DAS WUNDER DES BLÜHENS (Th.B.) – 29.5.1954
53. SALZBURGER VORWEIHNACHT (Th.B.) – 4.12.1954
54. DIE SCHÖNEN WEIHNACHTSTAGE (Th.B.) – 20.12.1954

Kulturberichterstattung:

1. FRIEDRICH FRIEDEL – EIN VERGESSENER SALZBURGER DICHTER (Th.B.) – 30.1.1952
2. FESTSPIELE AM RADIO (Th.B.) – 21.8.1952
3. PROBEN ZU EINEM ALTDEUTSCHEN WEIHNACHTSSPIEL – 27.11.1952
4. LESUNG DES PFAD-VERLAGS IN DER RESIDENZ (Th.B.) – 1.12.1952
5. HELENE THIMIG LAS AMERIKANISCHE LITERATUR (Th.B.) – 2.12.1952
6. LESEN WIR EINMAL EIN GEDICHT! (THOMAS BERNHARD) – 8.12.1952
7. GEORG EBERL IN DER VOLKSHOCHSCHULE (Th.B.) – 15.12.1952
8. ERNST SCHÖNWIESE IN DER VOLKSHOCHSCHULE (Th.B.) – 19.1.1953
9. EIN SPIEL VON CHRISTOPHER FRY (Th.B.) – 23.1.1953
10. CHARLES MORGAN IN DER VOLKSHOCHSCHULE (Th.B.) – 7.2.1953
11. THEODOR RENZL LAS MUNDARTGEDICHTE (Th.B.) – 16.2.1953
12. ERWIN GIMMELSBERGER IN DER VOLKSHOCHSCHULE (Th.B.) – 24.2.1953
13. HEINZ MOOG IM WIENER SAAL (Th.B.) – 25.2.1953
14. GESTATTEN SIE, ICH BIN DIE LIEBE ... (Th.B.) – 7.3.1953
15. BEGEGNUNG MIT RUDOLF BAYR (Th.B.) – 11.3.1953

16. Zwei Salzburger Dichter – Maria Zittrauer und Gerhard Amanshauser (Th.B.) – 26.3.1953
17. Ein Mädchen vom Lande – Clifford Odes Stück (Th.B.) – 30.3.1953
18. Van Gogh und Toulouse-Lautrec – Zwei Filme, die Frankreich Ehre machen (Th.B.) – 11.4.1953
19. Deutscher Jugendkammerchor (Th.B.) – 16.4.1953
20. Das nennt man gewerbliche Dichtung – Elisabeth Effenberger und Josef Lassl (Th.B.) – 18.4.1953
21. Gastspiel des Helsingforser Kammerchors (Th.B.) – 21.4.1953
22. Grosses lebendiges Kanada (Th.B.) – 22.4.1953
23. William Saroyans Kurzgeschichten (Th.B.) – 29.4.1953
24. Junge amerikanische Literatur – Vortrag Dr. Schneditz über Thomas Wolfe (Th.B.) – 30.4.1953
25. Dichterin aus Böhmen – Ilse Ringler-Kellner in der Volkshochschule (Th.B.) – 15.5.1953
26. Die Stimme Österreichs (Th.B.) – 19.5.1953
27. Von Goethe bis Hauptmann (Th.B.) – 27.5.1953
28. Tanzabend Harald Kreutzberg (Th.B.) – 29.5.1953
29. Von Watteau zur Photographie (Th.B.) – 2.6.1953
30. Operation an der Moderne – Dr. Ernst Köller und seine zehn Einwände (Th.B.) – 18.6.1953
31. Die Künstler hatten das Wort (Th.B.) – 22.6.1953
32. Mozarts Zauberflöte – Glanzvolle Premiere im Marionettentheater (Th.B.) – 25.6.1953
33. Die Geschichte des Doctoris Faust – Marionetten spielen in Wittenberg (Th.B.) – 27.6.1953
34. Volksmusikkonzert und Orchestergründung (Th.B.) – 29.6.1953
35. Hochsommerlicher Balladenabend – Gerhard Florey und Karl Schossleitner (Th.B.) – 2.7.1953
36. Zwei Salzburger Künstler – Josef Hödlmoser und Lois Lindner (Th.B.) – 22.7.1953
37. Friedrich Torbergs "brechtige" Kunde (Th.B.) – 29.8.1953
38. Dichterlesung im Presseclub – Das schöne Land (Th.B.) – 7.10.1953
39. So sah Salzburg einmal aus – Unser Land in alten Ansichten im Vogelhauspavillon (Th.B.) – 9.10.1953
40. Die Brautfahrt nach Ungarn – Alfons Czibulka in der Volkshochschule (Th.B.) – 16.10.1953
41. Fünf Jahre Lesestudio (Th.B.) – 23.10.1953
42. Der neue Film – Salto mortale im Mozartkino (Th.B.) – 24.10.1953

43. Mundartlicher Abend (Th.B.) – 9.11.1953
44. Kurzgeschichten aus Amerika – Saroyan, Thurber (Th.B.) – 12.11.1953
45. Grabbes "Don Juan und Faust" (Th.B.) – 13.11.1953
46. Der neue Film – Ave Maria mit Zarah Leander (-ard) – 14.11.1953
47. Der neue Film – Damenwahl mit Grete Weiser (-ard) – 14.11.1953
48. Zwei Lyrikerinnen am Lesepult – Karoline Brandauer und Elisabeth Effenberger (Th.B.) – 2.12.1953
49. Lesung Eduard C. Heinrich (Th.B.) – 10.12.1953
50. Zwei Salzburger Autoren – Thea Manzel und Erwin Gimmelsberger (Th.B.) – 17.12.1953
51. Fünf Jahrhunderte Gemälde (Th.B.) – 21.12.1953
52. Leseabend in der "Silberrose" – Eberl, Landgrebe, Gimmelsberger (Th.B.) – 3.2.1954
53. Freumbichler Gedenkfeier im Mirabellschloss (-d) – 13.2.1954
54. Im Lande der Zitronen (Th.B.) – 22.2.1954
55. O'Neill im Amerika-Haus (Th.B.) – 27.2.1954
56. Begegnung mit Ernst v. Dombrowski (Th.B.) – 1.3.1954
57. Friedrich Welz zeigt Steinhart (Th.B.) – 2.4.1954
58. Vom Kinde zur Tänzerin – Vortrag Derra de Morodas – 13.4.1954
59. Geschichten von Clarence Day … (Th.B.) – 15.4.1954
60. Volkstanz um den Maibaum (Th.B.) – 4.5.1954
61. Der Nobelpreis und sein Schöpfer (Th.B.) – 4.5.1954
62. Gedenkstunde für Ferdinand Sauter (Th.B.) – 6.5.1954
63. Von neuen Büchern – Die Gedichte von Maria Zittrauer (Th.B.) – 14.5.1954
64. Lyrik Abend im Amerika-Haus (Th.B.) – 15.5.1954
65. Eine junge Lyrikerin (Th.B.) – 15.5.1954
66. Erna Blaas und Susan Wittek (Th.B.) – 25.5.1954
67. Der Gärtner von Toulouse (Th.B.) – 25.5.1954
68. Die Pflanze und ihr Gefäss (Th.B.) – 28.5.1954
69. Georg Eberl, Christine Busta lesen (Th.B.) – 25.11.1954
70. Ausklang der Buchwoche – Traklpreisträger Wilhelm Szabo (Th.B.) – 29.11.1954

Literarische Beiträge:

1. Die verrückte Magdalena. Erzählung. Von Thomas Bernhard – 17.1.1953

2. Das Vermächtnis. Erzählung. Von Thomas Bernhard – 21.2.1953
3. Der grosse Hunger. Erzählung. Von Thomas Bernhard – 15.10.1953
4. Die kostbarste Bibliothek des Landes. Feuilleton. Von Thomas Bernhard – 21.11.1953
5. Wir gehen in die Stadtbibliothek. Feuilleton. Thomas Bernhard – 17.2.1954
6. Von sieben Tannen und vom Schnee. Erzählung von Thomas Bernhard – 24.12.1953; unter dem Titel Drei Tannen, die die Welt bedeuten (Th.B.) – 24.12.1952
7. Strom des Seins. Gedicht. Von Thomas Bernhard – 4.5.1954
8. Lob des Bücherprospekts (Th.B.) – 24.11.1954

Kulturpolitische Aufsätze und Kommentare:

1. Die Kultur ist nicht stehengeblieben. Thomas Bernhard – 4.4.1953
2. Wo sind die österreichischen Dichter? Thomas Bernhard – 8.6.1953
3. Unsere Dichter sind wieder da! (Th.B.) – 11.6.1953
4. Die Ro-Ro-Ro-Kost schmeckt nicht mehr. (Th.B.) – 5.10.1953
5. Kolossalbau am Fusse des Mönchsbergs (Th.B.) – 12.4.1954

Frühe Kritiken über Thomas Bernhard:

1. Zwei Salzburger Autoren lasen (Georg Eberl, Thomas Bernhard) F.P (Friedl Plank) – 19.10.1953
2. Dichterlesung (Preradovic, Mell, Leitgeb, Schönwiese, Rendl, Zuckmayer, Weinheber, Amanshauser, Effenberger, Thomas Bernhard) Dr.E.J. (Dr.Erika Jüttner) – 26.11.1953
3. Die ganze Welt in meines Herzens Enge (Rezension einer Anthologie mit Texten von Amanshauser, Bayr, Effenberger, Breidach-Bernau, Karoline Brandauer, Max Sitz, Doris Mühringer, Friedrich Kaufmann und Thomas Bernhard) J.K. (Josef Kaut) – 5.5.1955

Fußnoten

1 Hilde Spiel: Welche Welt ist meine Welt? Erinnerungen 1946–1989. Paul List Verlag, München, 1990, S. 243
2 Kurt Hofmann: Aus Gesprächen mit Thomas Bernhard, Löcker Verlag, Wien, 1988, S. 41–46
3 Kurt Hofmann: ebenda, S. 94
4 Krista Fleischmann: Thomas Bernhard – Eine Begnung. Gespräche mit Krista Fleischmann. Edition S. Verlag der Österreichischen Staatsdruckerei, Wien, 1991, S. 268, 270
5 Krista Fleischmann: ebenda, S. 145, 146 und 147
6 Marcel Reich-Ranicki: Thomas Bernhard. Ammann Verlag, Zürich, 1990, S. 24
7 Thomas Bernhard: Alte Meister. Komödie. Suhrkamp Verlag, Frankfurt/M., 1985, S. 216 f.
8 Thomas Bernhard: Die Ursache. Eine Andeutung. Deutscher Taschenbuch Verlag, München, 11. Aufl., März 1991, S. 32 ff
9 Ebenda, S. 68
10 Marcel Reich-Ranicki: Thomas Bernhard, S. 14
11 Thomas Bernhard: Alte Meister. S. 46 und 47
12 Ebenda, S. 108
13 Aus einem Interview für "Le Monde" von Jean-Louis Rambures, 1983, übersetzt von Andres Müry. Abgedruckt im Programmheft Nr. 52 des Schauspielhauses Bochum, 21.2.1984 (in: Von einer Katastrophe in die andere, Verlag Bibliothek der Provinz, 1992)
14 Caroline Markolin: Die Großväter sind die Lehrer – Johannes Freumbichler und sein Enkel Thomas Bernhard. Otto Müller Verlag, Salzburg, 1988, S. 61 und 25
15 ebenda, S. 19 und 39
16 Thomas Bernhard: Verstörung. Suhrkamp Verlag, Frankfurt/M., 1976, S. 41
17 Thomas Bernhard: Frost. Insel Verlag, Frankfurt/M. 1963, S. 17
18 Thomas Bernhard: Wittgensteins Neffe. Suhrkamp Verlag, Frankfurt/M., 1983, S. 23 f.
19 Thomas Bernhard: Die Ursache. S. 16
20 Kurt Hofmann: ebenda, S. 26
21 Marcel Reich-Ranicki: Thomas Bernhard, S. 67
22 Ebenda, S. 92
23 Kurt Hofmann: Aus Gesprächen mit Thomas Bernhard, S. 26 f.
24 Ebenda, S. 93
25 Ebenda, S. 88

26 Thomas Bernhard: Die Ursache. S. 95 f.
27 Kurt Hofmann: Aus Gesprächen mit Thomas Bernhard, S. 72
28 Jens Dittmar (Hrsg.): Der Bernhardiner, ein wilder Hund. Tomaten, Satiren und Parodien über Thomas Bernhard. Edition S. Verlag der Österreichischen Staatsdruckerei, Wien, 1990, S. 180
29 Kurt Hofmann: ebenda, S. 43
30 Ebenda, S. 43 f.
31 Ebenda, S. 44
32 Gerhard Neureiter, Gerhard Steininger, Joachim Glaser und Werner Mück
33 Stenographische Protokolle des Salzburger Landtags. 1968. P 586,666

Literaturverzeichnis

Thomas Bernhard: Frost. Vollständige Taschenbuchausgabe Droemersche Verlagsanstalt. Th. Knaur Nachf. München/Zürich 1965
Amras. Edition Suhrkamp, Frankfurt a. Main, 1965
Ungenach. Edition Suhrkamp, Frankfurt a. Main, 1969
Verstörung. Insel Verlag, Frankfurt a. Main, 1967
Die Salzburger Stücke. Suhrkamp Taschenbuch. Erste Aufl. Frankfurt a. Main, 1975
Der Keller. Residenz Verlag, Salzburg, 1976
Der Atem. Residenz Verlag, Salzburg, 1978
Holzfällen. Eine Erregung. Suhrkamp Verlag, Frankfurt a. Main 1984
Alte Meister. Komödie. Suhrkamp Verlag, Frankfurt a. Main, 1985
Die Ursache. Eine Andeutung. Deutscher Taschenbuch Verlag, 11. Aufl., März 1991

Jean Louis de Rambures: Aus einen Interview für "Le Monde", 1983. Übersetzt von Andres Müry. Abgedruckt im Programmbuch Nr. 52 des Schauspielhauses Bochum, 21.2.1984

Jens Dittmar (Hrsg.): Der Bernhardiner ein wilder Hund. Tomaten, Satiren und Parodien über Thomas Bernhard. Edition S. Verlag der Österreichischen Staatsdruckerei, Wien, 1990

Krista Fleischmann: Thomas Bernhard – Eine Begegnung. Edition S. Verlag der Österreichischen Staatsdruckerei, Wien, 1990

Kurt Hofmann: Aus Gesprächen mit Thomas Bernhard. Deutscher Taschenbuch Verlag, München, 1991

Caroline Markolin: Die Großväter sind die Lehrer. Johannes Freumbichler und sein Enkel Thomas Bernhard, Otto Müller Verlag, Salzburg 1988

Marcel Reich-Ranicki: Thomas Bernhard. Ammann Verlag, Zürich 1990

Hilde Spiel: Welche Welt ist meine Welt? Erinnerungen 1946-1989. Paul List Verlag, München 1990

Inhaltsverzeichnis

Carl Zuckmayers Schützling
Seite 7

Auf den Spuren Justitias
Seite 25

Chronist des Alltags
Seite 45

Die Welt des Großvaters
Seite 83

Das Los des Künstlers
Seite 105

Torberg schlecht "verbrechtelt"
Seite 115

Der junge Dichter
Seite 129

Frühe Kritik
Seite 139

Parteinahme
Seite 145

Die Trennung
Seite 159

Nachbeben
Seite 165

Veröffentlichungen Thomas Bernhards im Demokratischen Volksblatt 1952–1955
Seite 172

Literatur

Jedes Sandkorn ist ein Stück
Adalbert Stifter
Wolfgang Goethe
Richard Pils

*

Wechselvoll verrauscht
das Leben
Lyrik
Adalbert Stifter

*

In deinem Arm in frohem
Lächeln eilen
Briefwechsel zwischen
Amalia und Adalbert Stifter

*

Der beschriebene Tännling
Die Sagen des Mühlviertels
Adalbert Stifter

*

Weihnacht/Silvester
Adalbert Stifter

*

Die Sonnenfinsternis
Adalbert Stifter

*

diarium
gerhard lampersberg

*

Nachtfahrt
Dialektgedichte
Hans Viehböck

*

Die Lagune
Richard Pils

*

Blackthorn
Richard Wall

*

Sommerlich Dorf
Richard Wall

*

Querland
Franz Rieger

*

Aufgebote des Zweifels
Lyrik
Franz Rieger

*

In tiefste Nacht
in hellstes Licht
Kurt Mitterndorfer

*

Nur wir zwei
Kurt Mitterndorfer

*

Vergiß die Rose nicht
Theodor Storm

*

Einschicht
Fritz Lichtenauer

*

sogi sogi
Dialektgedichte
Fritz Lichtenauer

*

Scheinbar ohne Bewegung
G. G. Krenner

*

Zweite Liebe
André Müller

*

Gedankenvernichtung
André Müller

*

André Müller
im Gespräch mit
Thomas Bernhard

*

Aus dem
versiegelten Tagebuch
Weihnacht mit Th. Bernhard
Karl Hennetmair

*

Lehrjahre
Thomas Bernhard
Vom Journalisten
zum Dichter
Herbert Moritz

*

Von einer Katastrophe
in die andere
Gespräche mit
Thomas Bernhard
Sepp Dreissinger

*

Seteais
Tage mit Thomas Bernhard
Gerda Maleta

*

Karl Ömperdinger
Andreas Renoldner

*

Auf dem Taubenmarkt
Roman
Franz Kain

*

Das Brennesseldickicht
Franz Kain

*

Der Schnee war warm
und sanft
Franz Kain

*

Das Gewölbe
Elisabeth Praher

*

Was soll's,
ist ja Fasching
Fritz Habeck

*

Mitternachtswüste
Gedichte
arabisch - deutsch
Khalid Al Maaly

*

Der Keksfresser
Franz Tumler

*

bruch/stücke variationen
Waltraud Seidlhofer

*

bild/er/betrachtungen
waltraud seidlhofer

*

Laß den Mund
Gedichte
Gregor M. Lepka

*

LiteraTour
Skriptum I/II
Welser Anthologie

*

Dorfgeschichten
aus dem Burgenland
Manfred Chobot

*

Blumenwerk
Ländliches Journal
Deinzendorf
Friederike Mayröcker

*

Gang durchs Dorf:
Fingerzeig
Bodo Hell

*

Baronkarl
alte und neue
Peripheriegeschichten
Peter Henisch

*

Einladung
zur Vernissage

Freitag 3. Dezember 1992 um 20 Uhr mit

Peter von Becker
"Erinnerungen an Thomas Bernhard"

Josef Bilous und Clemens Eich
lesen Texte von und über Thomas Bernhard

Thomas Bernhard

„Je schärfer das Objektiv, umso grauslicher wird alles."
in *"Hauptdarsteller/Selbstdarsteller"*,
66 Portraits von Sepp Dreissinger*

„Die Physiognomie eines Menschen ist ja was sehr Interessantes,
da ist ja schon alles drin."
in *"Thomas Bernhard - Portraits*, Bilder und Texte",
herausgegeben von Sepp Dreissinger*

„Der Mensch lechzt von Natur aus nach Liebe, von Anfang an.
Nach Zuwendung, Zuneigung, die die Welt zu vergeben hat."
in *"Von einer Katastrophe in die andere* - 13 Gespräche mit
Thomas Bernhard", herausgegeben von Sepp Dreissinger*

„Der Wald ist groß, die Finsternis auch. Manchmal ist halt
so ein Käuzchen drin, das keine Ruhe gibt. Mehr bin ich nicht.
Mehr verlang ich auch nicht zu sein."
in *"Andrè Müller im Gespräch mit Thomas Bernhard"**

„Nicht das Land und das Gehöft, auf dem man wirkt,
schafft die 'Enge der Dichtung', auch wer nie einen Schritt in die
große Welt tat, kann Wunder wirken und diese Welt in seinen
Atemzügen umspannen."
in *"Lehrjahre* – Vom Journalisten zum Dichter" von
Herbert Moritz*

„Bin ich in Nathal, ist sie weg, bin ich in Wien, ist sie
in Oberweis. Und beide sind wir ja froh über uns – weil wir doch
auch sehr viel Glück haben – beide."
in *"Seteais* – Tage mit Thomas Bernhard" von Gerda Maleta*

„Wenn zu mir einer sagt, ich soll arbeiten, dann ist es schon aus.
Dann kann ich jetzt den ganzen Tag nichts mehr schreiben."
in *"Das versiegelte Tagebuch* – Weihnacht mit Thomas
Bernhard", von Karl Ignaz Hennetmair*

*erschienen in Bibliothek der Provinz, Verlag für Literatur,
Kunst und Musikalien, Großwolfgers 29, A-3970 Weitra,
Tel.: 02815/35 594

Thomas Bernhard
Fotoausstellung
Sepp Dreissinger
Erika Schmied
Portraits*
Literaturhaus Hamburg
3. – 20. Dezember 1992

Literaturhaus Hamburg, Schwanenwik 38, D-2000 Hamburg 76
Tel.: 040 / 22 00 007
Öffnungszeiten: täglich von 10 bis 24 Uhr (Eintritt frei)

Und werfen Steine
Marius Huszar

*

Die Frau vor mir
Henriette Fischer

*

Kunst

Hauptdarsteller /
Selbstdarsteller
Portraits zur
Kunst Österreichs
Sepp Dreissinger

*

Thomas Bernhard
Portraits
Bilder aus seinem Leben
und seinen Theaterstücken
mit Texten von Ingeborg
Bachmann, Ilse Aichinger,
Elfriede Jelinek, Carl
Zuckmayer, Friedrich Heer,
Botho Strauß, Hilde Spiel,
Marcel Reich-Ranicki …
Sepp Dreissinger

*

Schmalvertikal
Eisenplatten Aufzugstüren
Paravents
Manfred Hebenstreit

*

Die Freude und
der Schmerz
Bilder
Wolfgang Böhm
Texte
Franz Krahberger

*

7-Stern Fotografien aus der
Sammlung
Gerda & Erich Walter

*

Das Florenzpapier
Grafische Partituren
Wolfgang Stifter

*

Regional

Der Freiwald
Dorferinnerungen

*

Unterweißenbach
1935–1945

*

Alt-Urfahr
Liebe zu einer kleinen Welt
Anna Sonnleitner

*

Unser Urfahr
Erzählungen und Bilder
Anna Sonnleitner

*

Gmünd
Randbedingungen
Franz Drach

*

Der Freiwald
Dorfbilder um Rainbach,
Grünbach,
Windhaag, Sandl, ...

*

Freistadt
ländliche Stadtbilder
Fritz Fellner

*

Kefermarkt
Sagen, Erzählungen
und Andeutungen

*

Burgen und Nagelein
Sagen aus
Königswiesen
und Umgebung

*

Die lindene Monstranze zu
Kefermarkt
zur Restaurierung
Adalbert Stifter

*

Weitra
in alten Ansichten
ein Stadtbuch

*

Hartheim
wohin unbekannt
Johann Neuhauser
Michaela Pfaffenwimmer

*

Hartheim
Statistik
Richard Pils

*

Kinder

Meine Mann Männchen
Eine blaukrause Geschichte
Michael Köhlmeier

*

Marile und der Bär
Ein Kinderbuch
Michael Köhlmeier

*

Die Maus Cölestin
Ein Kinderbuch
Hermann Haider

*

Der daumenlange Hansel
mit dem ellenlangen Barte
1716

*

Das Linzer Räthselbuch
1835

*

Ich bin du und ich
Kindertexte

*

Das Mühlviertel
in seinen Sagen

*

Curiosa

Sagen und Erzählungen
aus der Vorzeit
von dem
Erzherzogthume Österreich
ob der Enns
1834

*

Das Linzer Kochbuch
aus dem Jahre 1827

*

Die Zauberflöte
Apollo Mozzart 1793

*

Die Reise nach America
mit Christoff Columbus
1492

*

und der Titel gibt's noch
mehr
nur Prospekt anfordern

*

Dank sage ich allen,
die mein Verlagsanliegen
unterstützen und mithelfen
Richard Pils

*

publication P N°1
Bibliothek der Provinz

publication PN°1
Bibliothek der Provinz

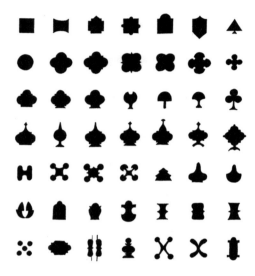

Verlag für Literatur, Kunst und Musikalien